UN FIL DU RASOIR

Adultes Coloriage Livre Horreur Edition

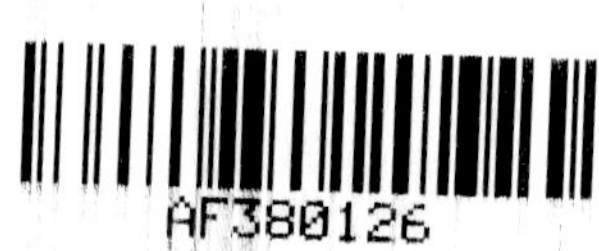

Coloring Bandit

Publié par Speedy Publishing Canada Limited

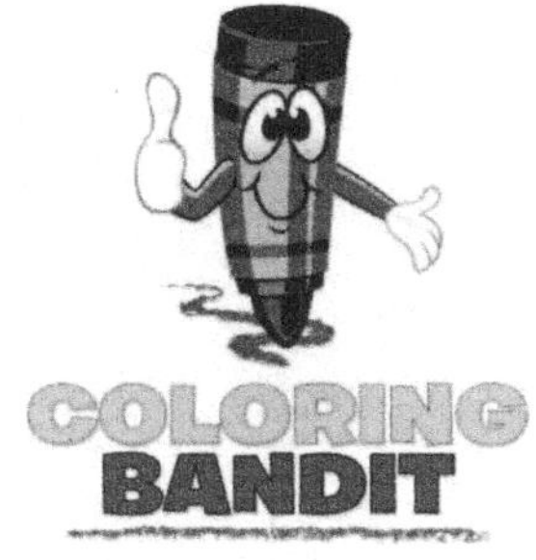

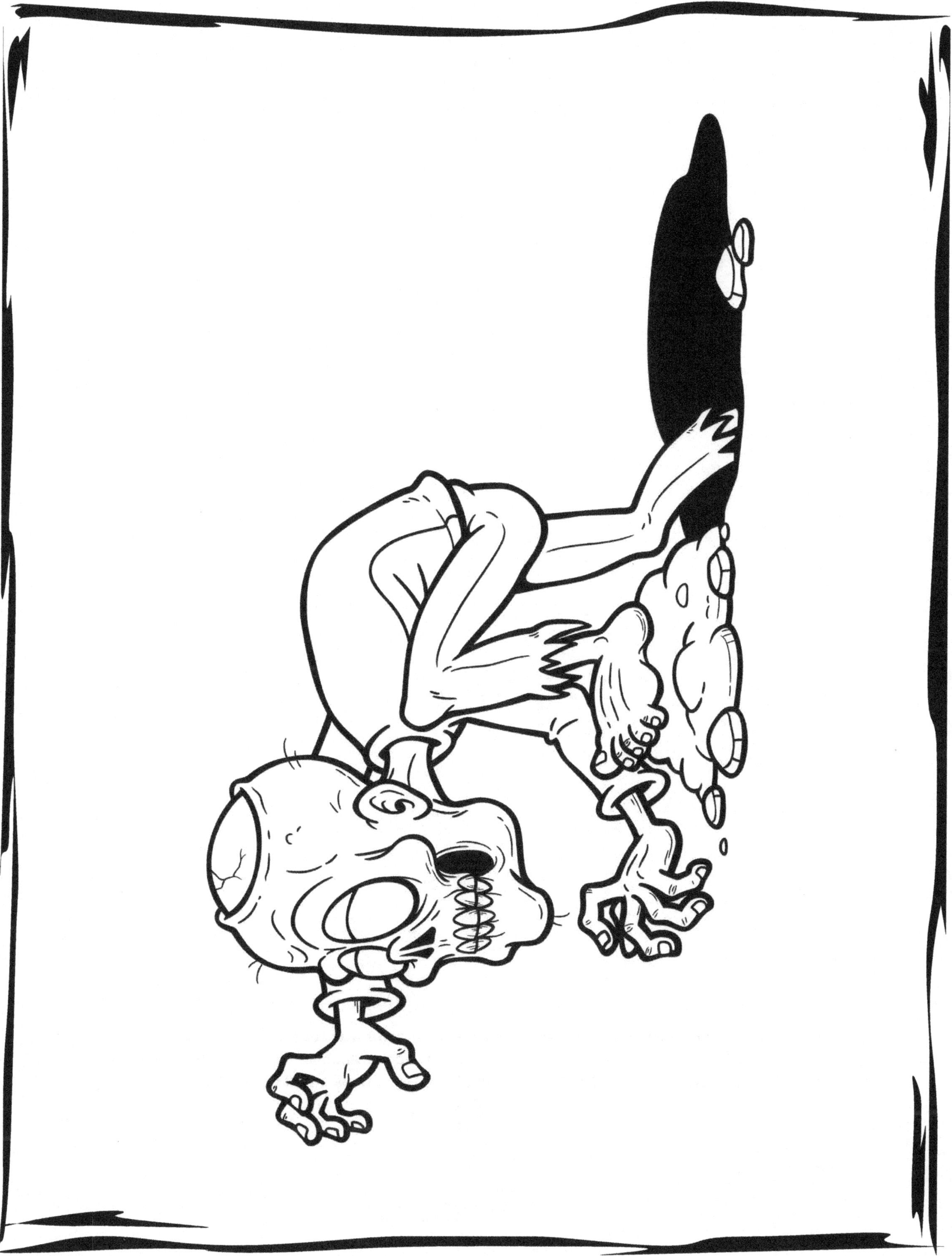

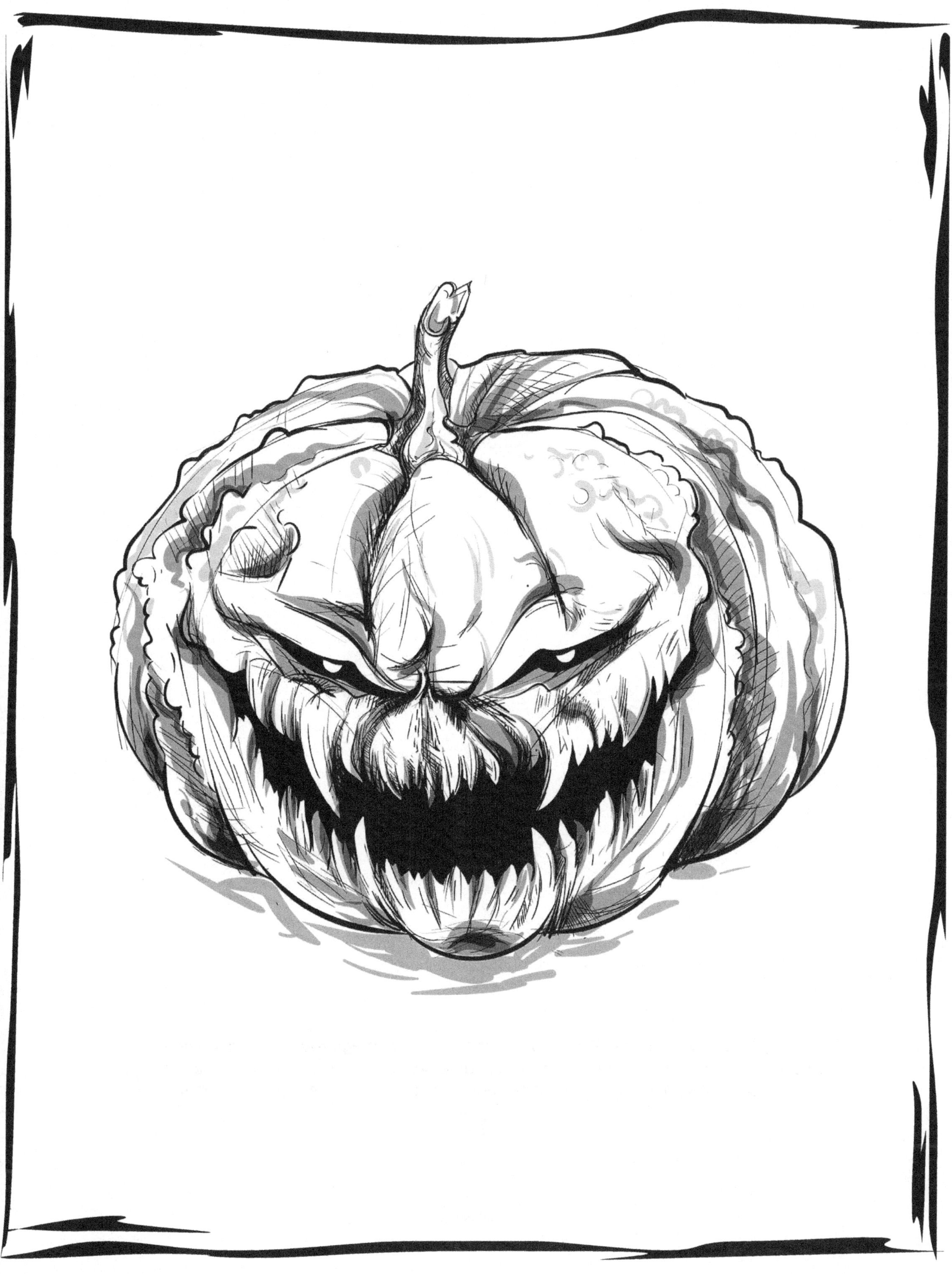

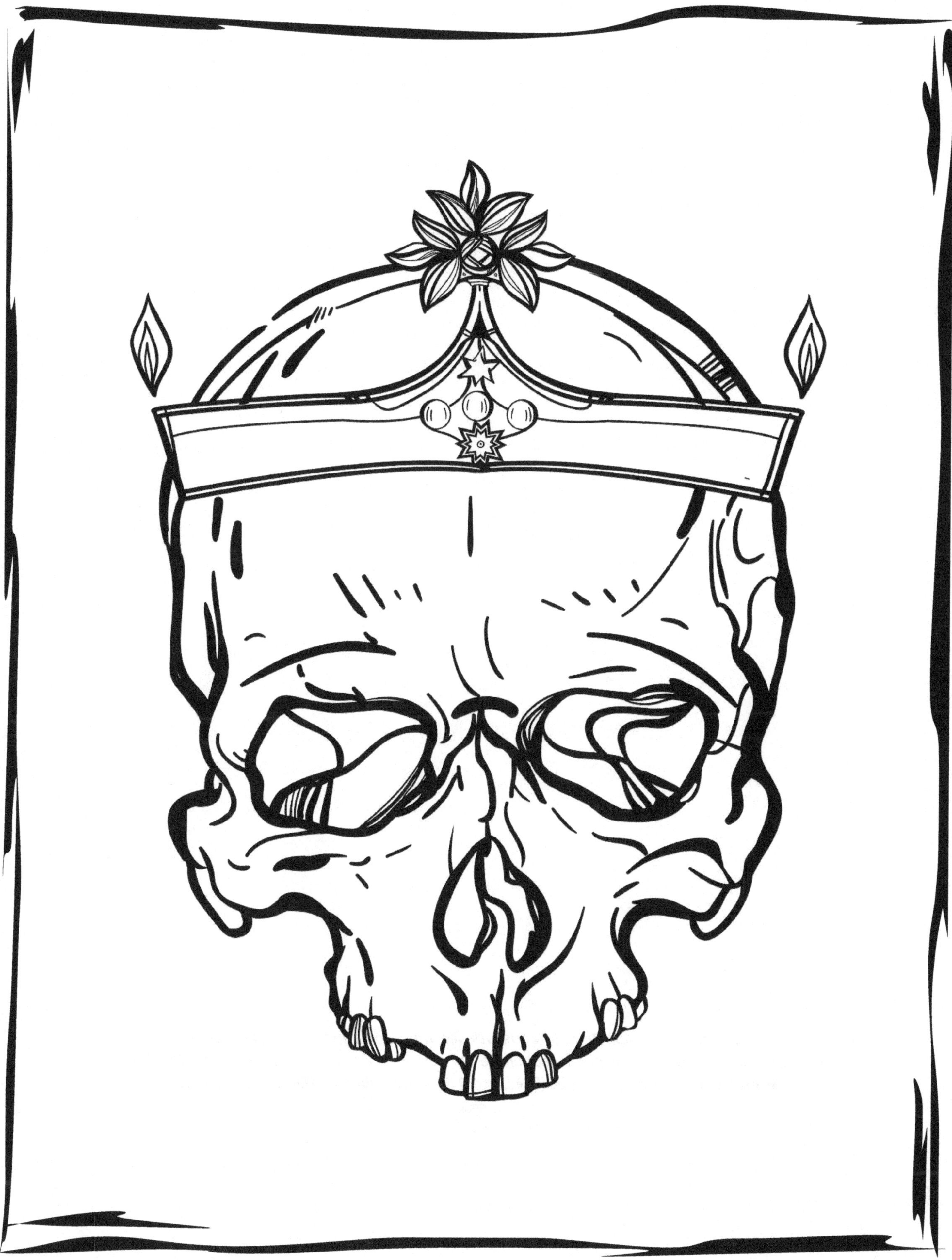

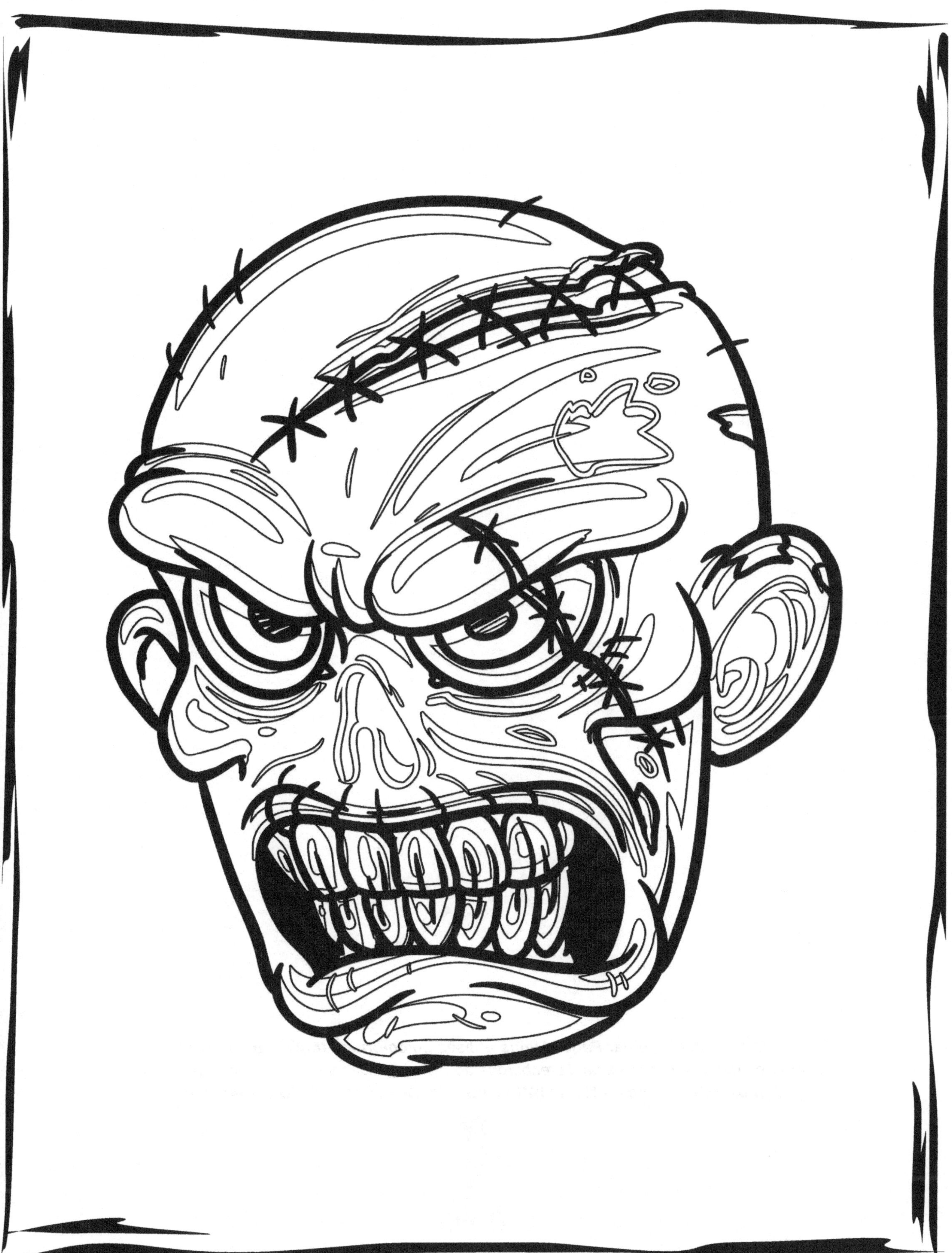

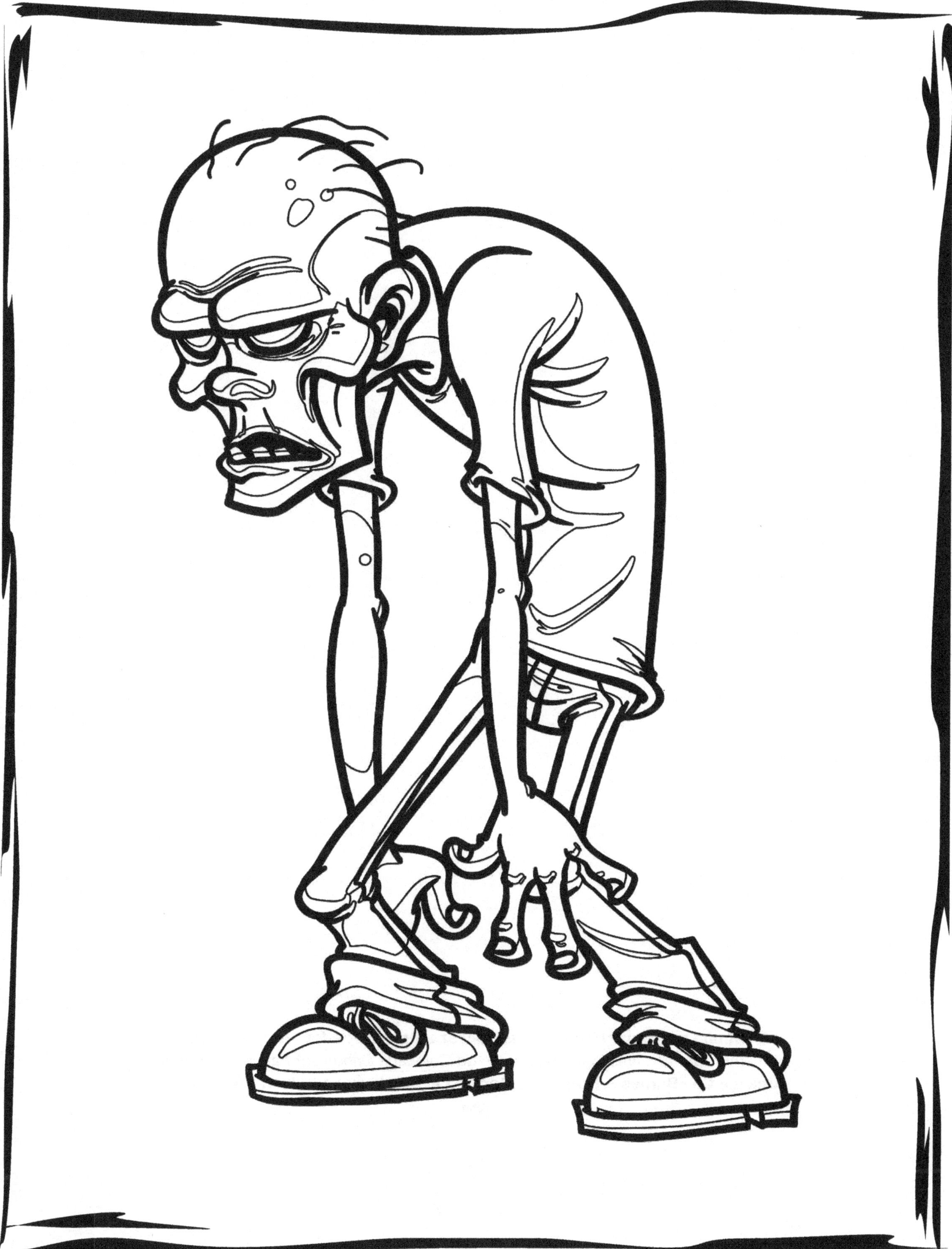

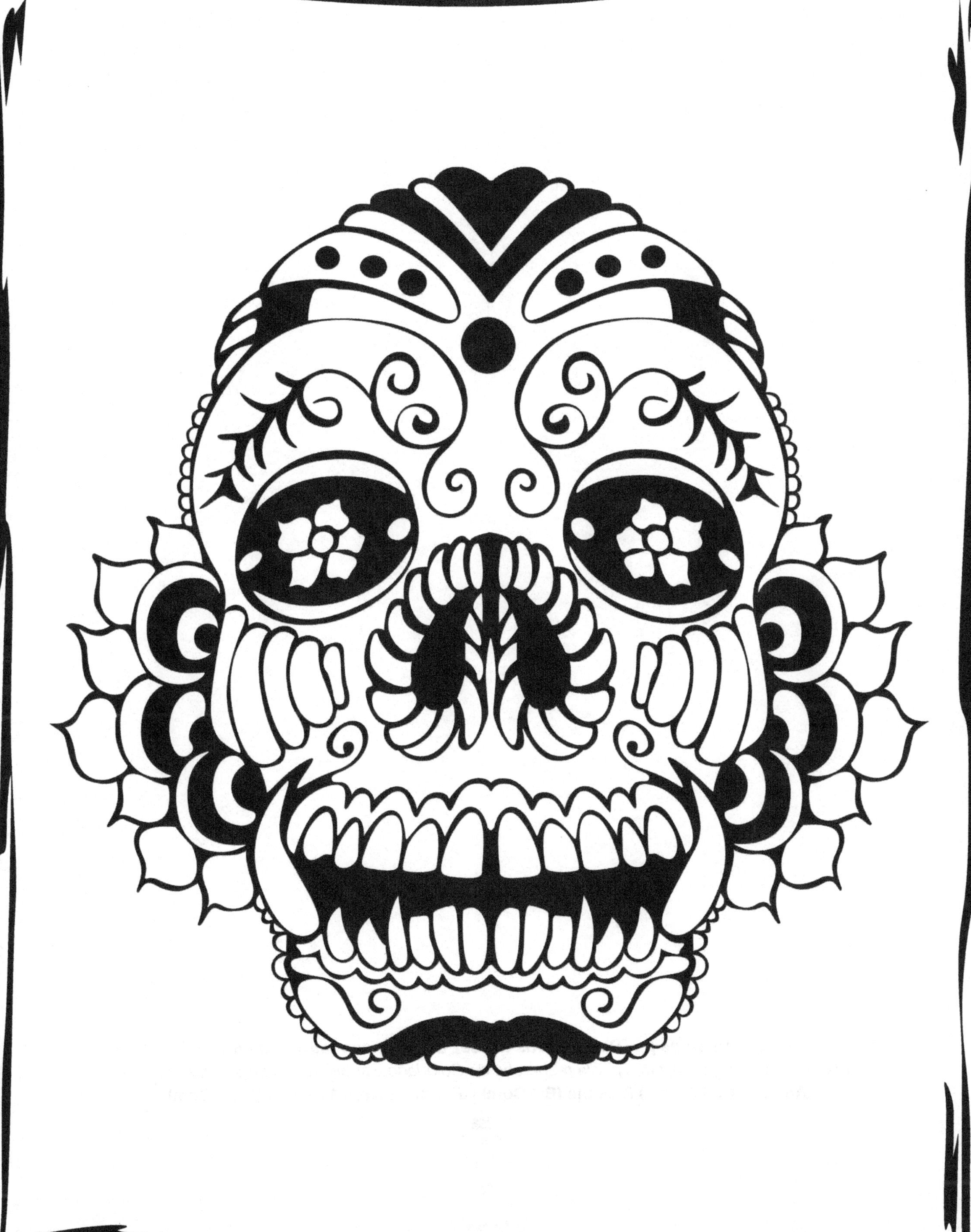

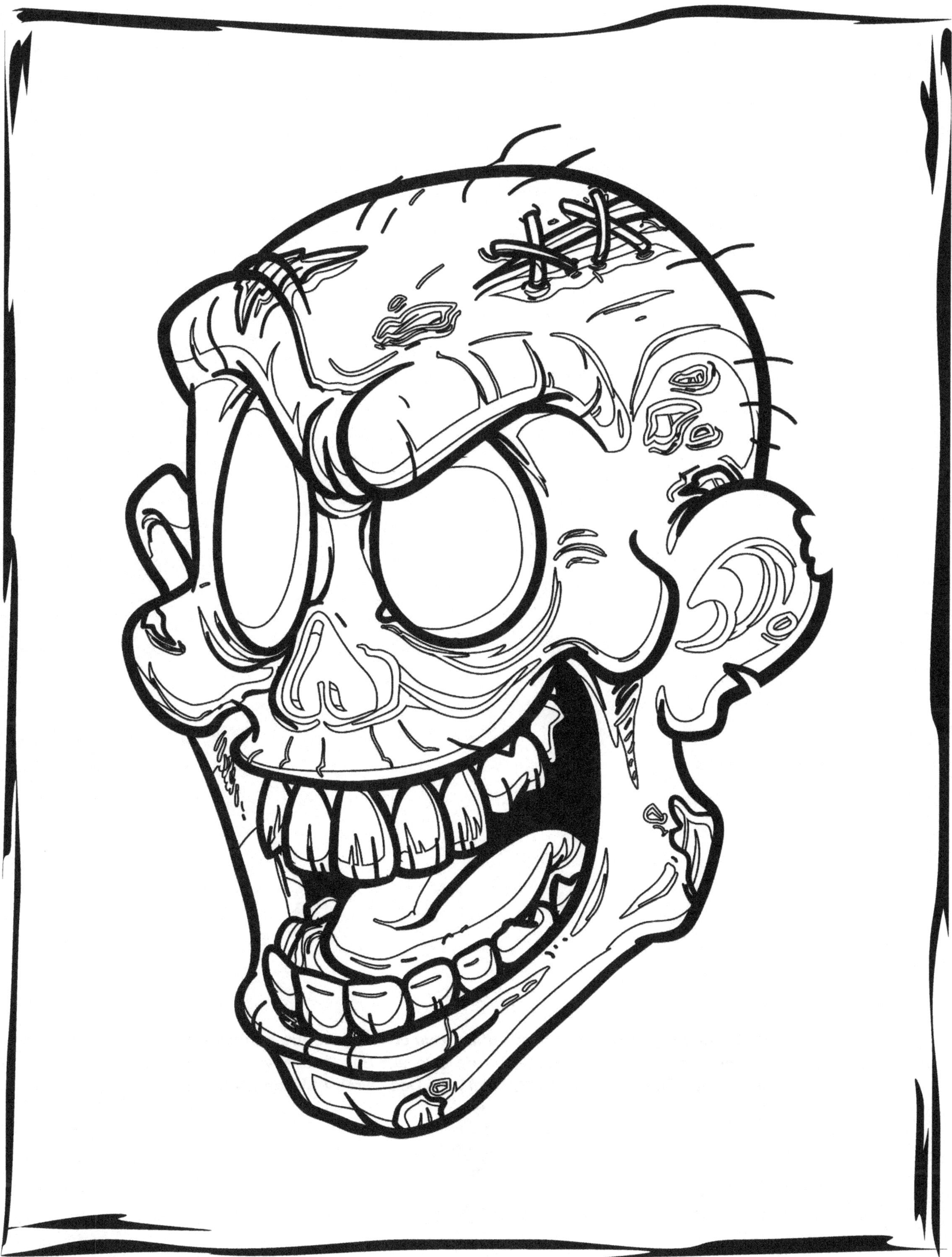

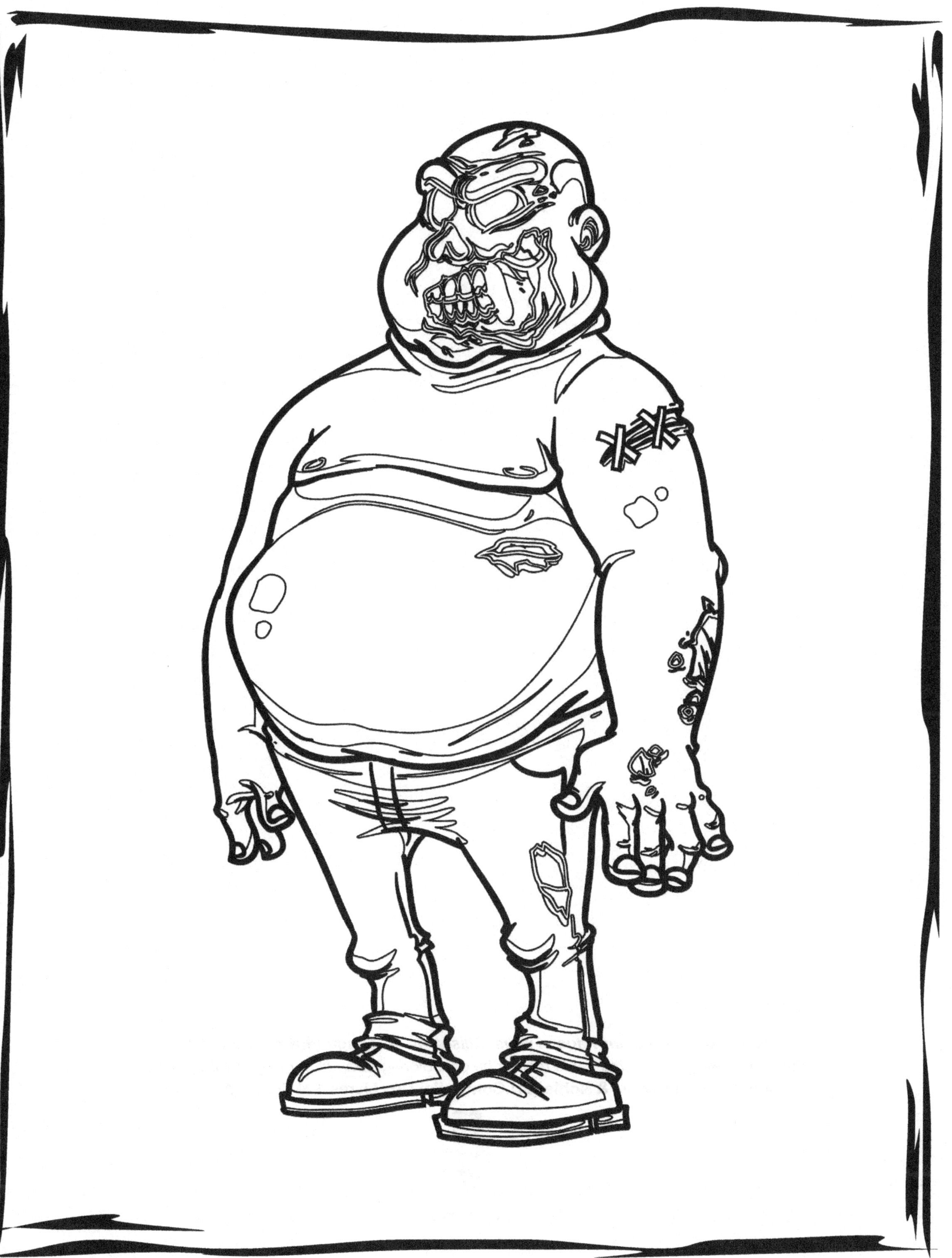

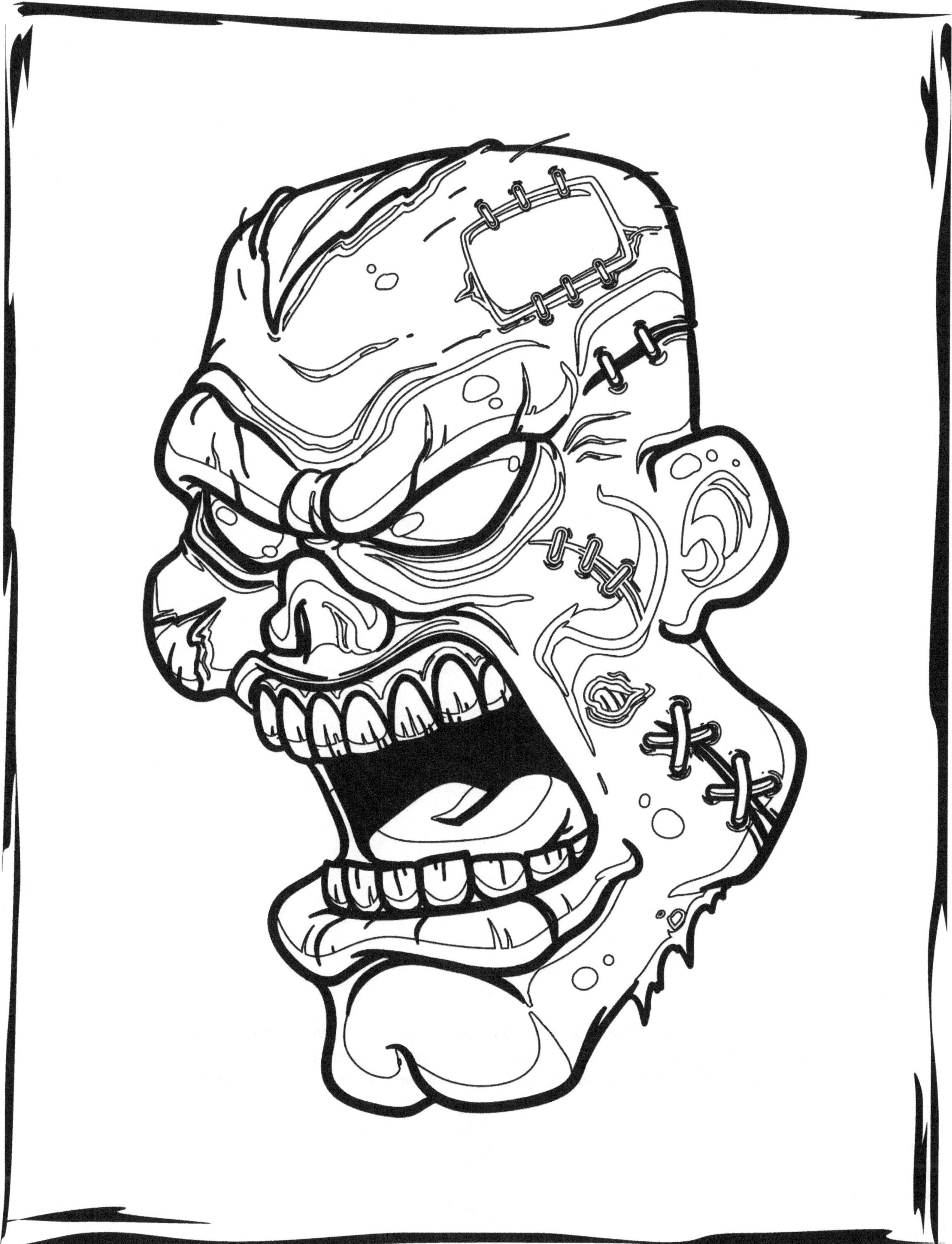

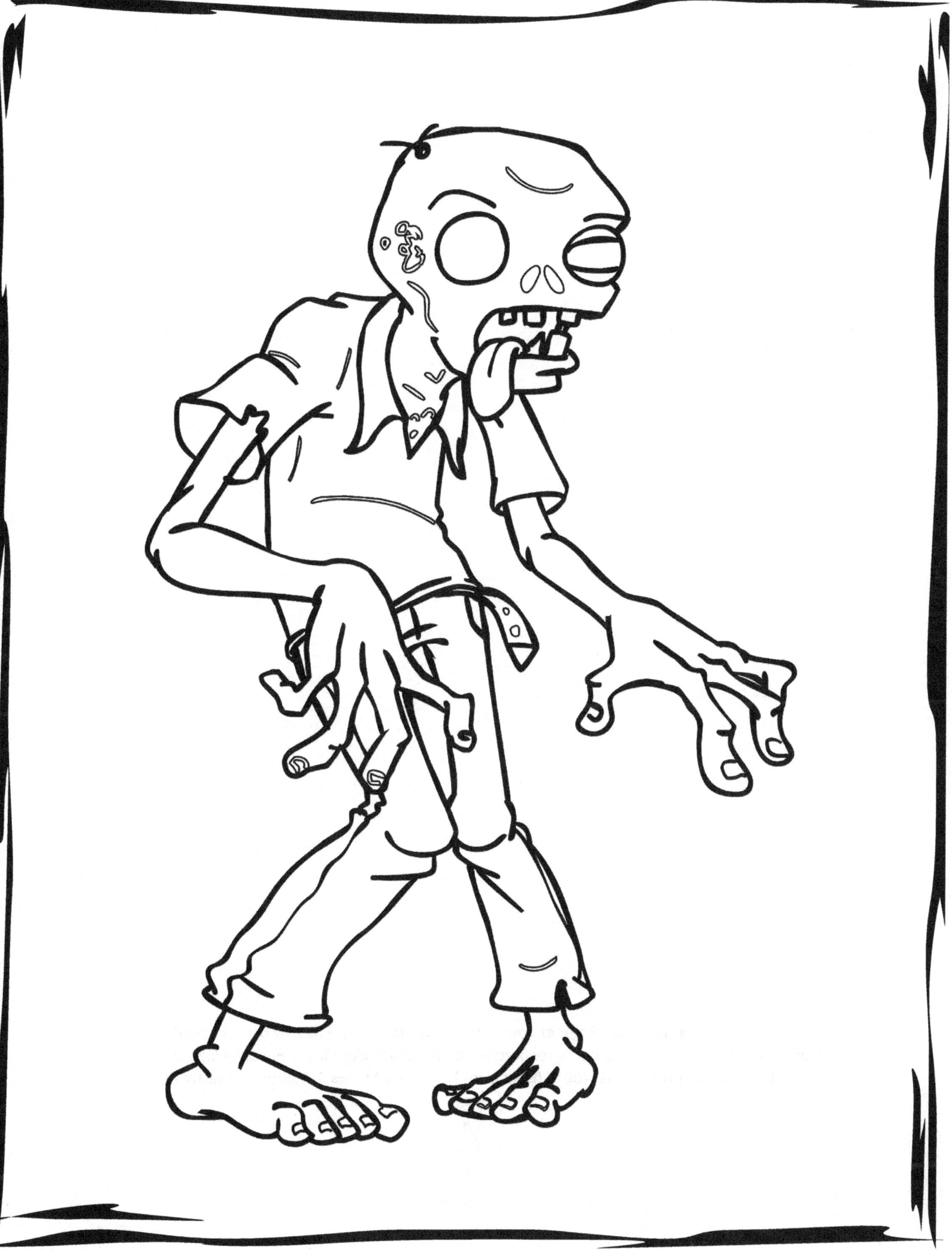

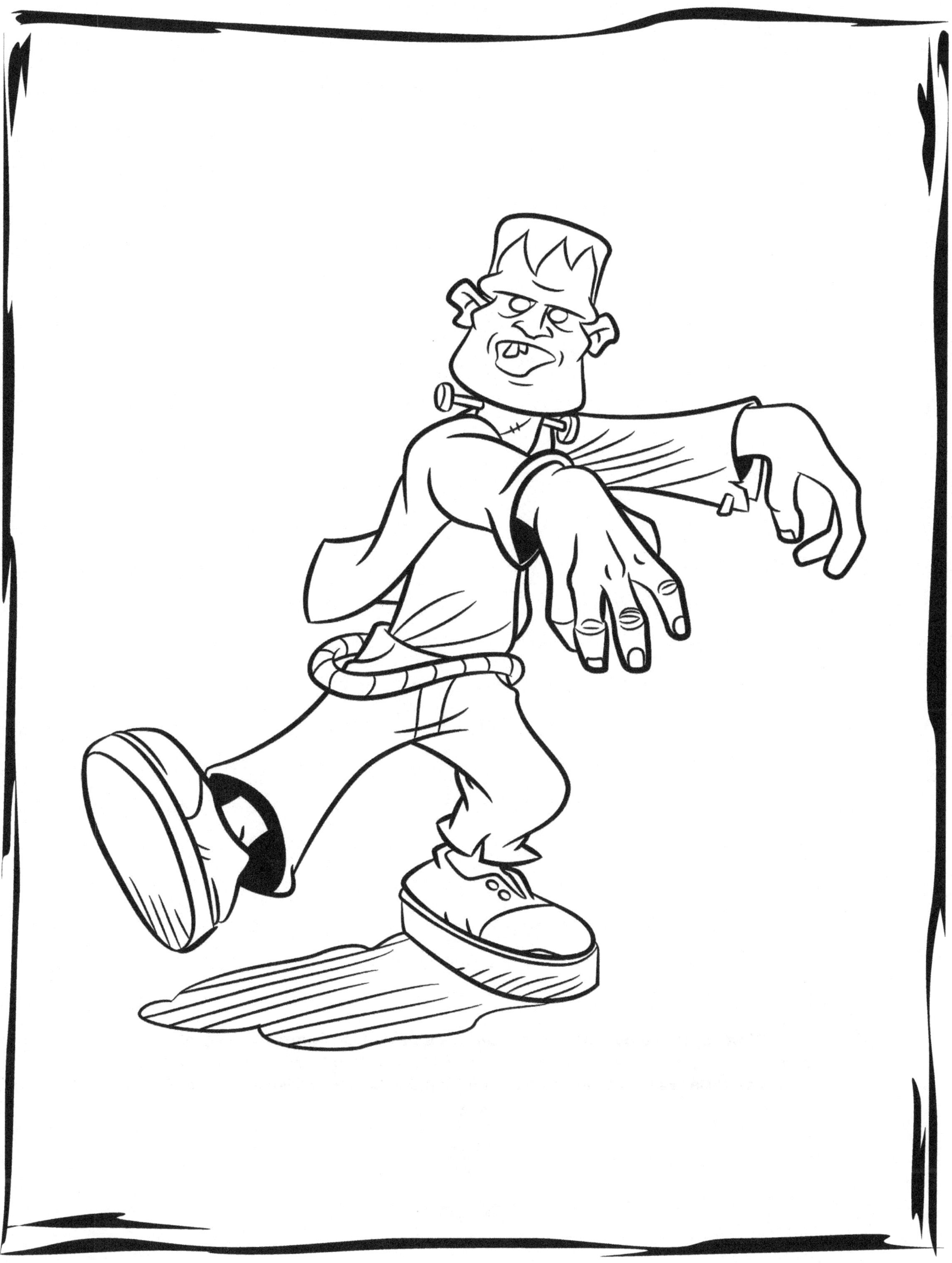

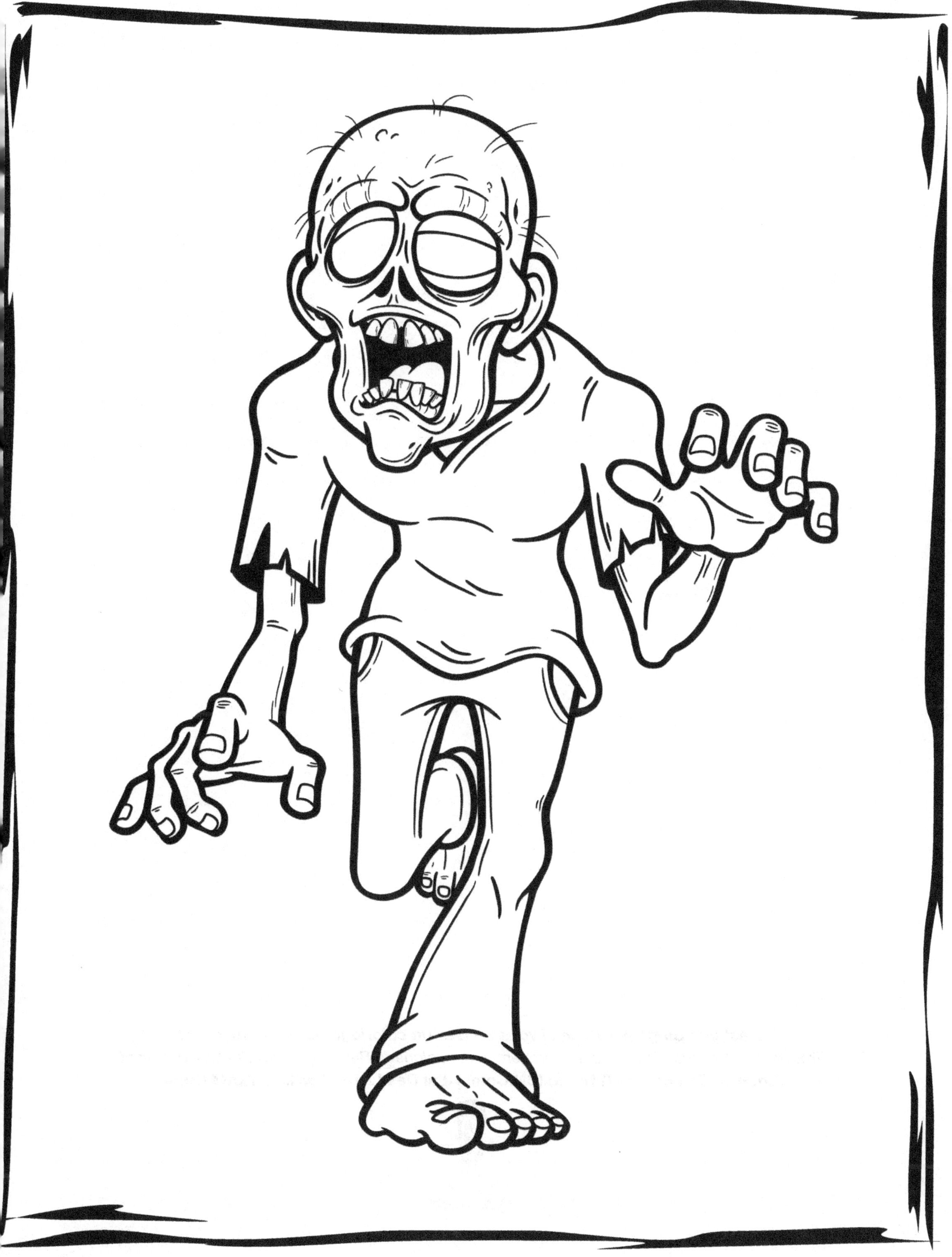

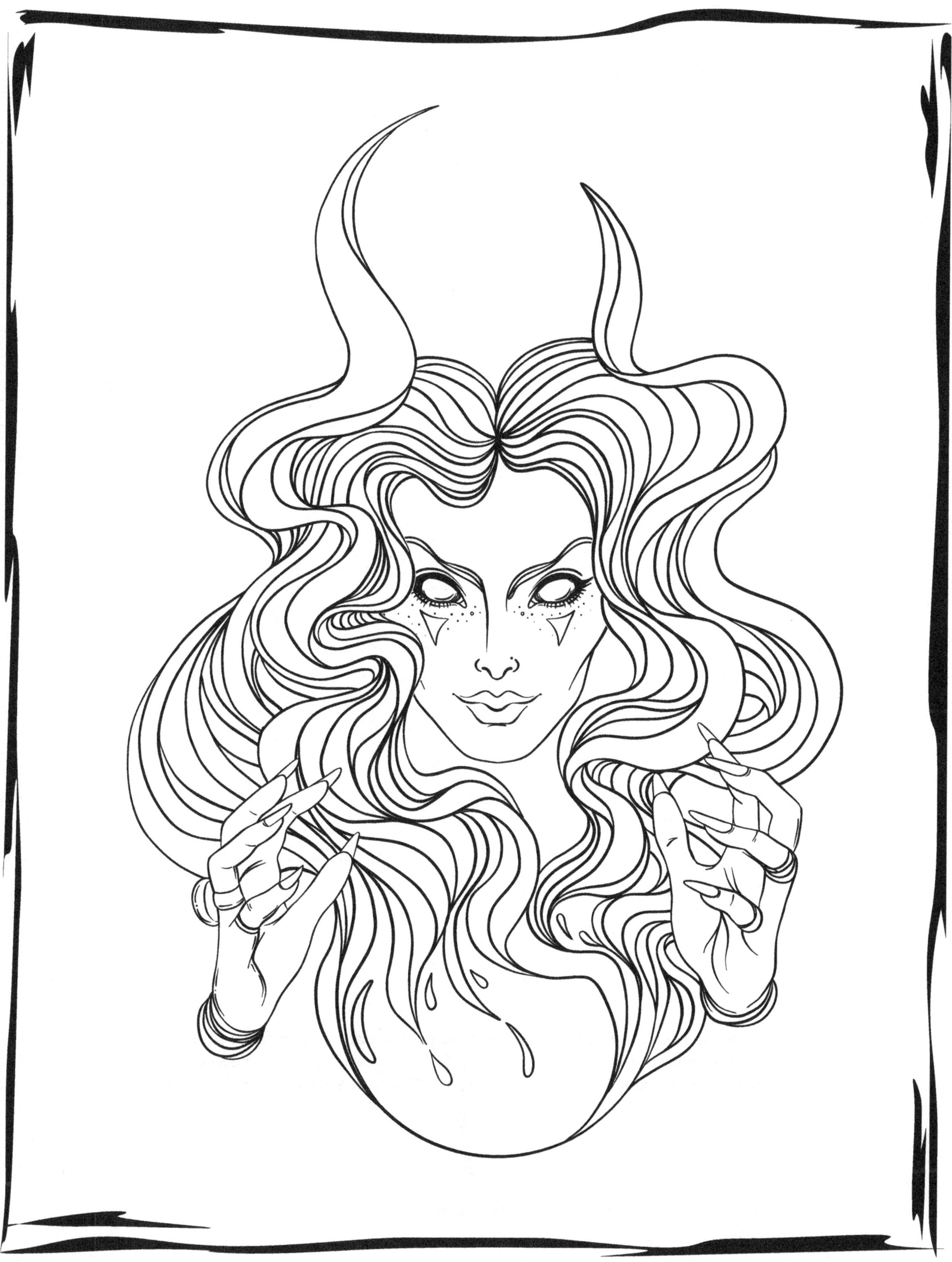

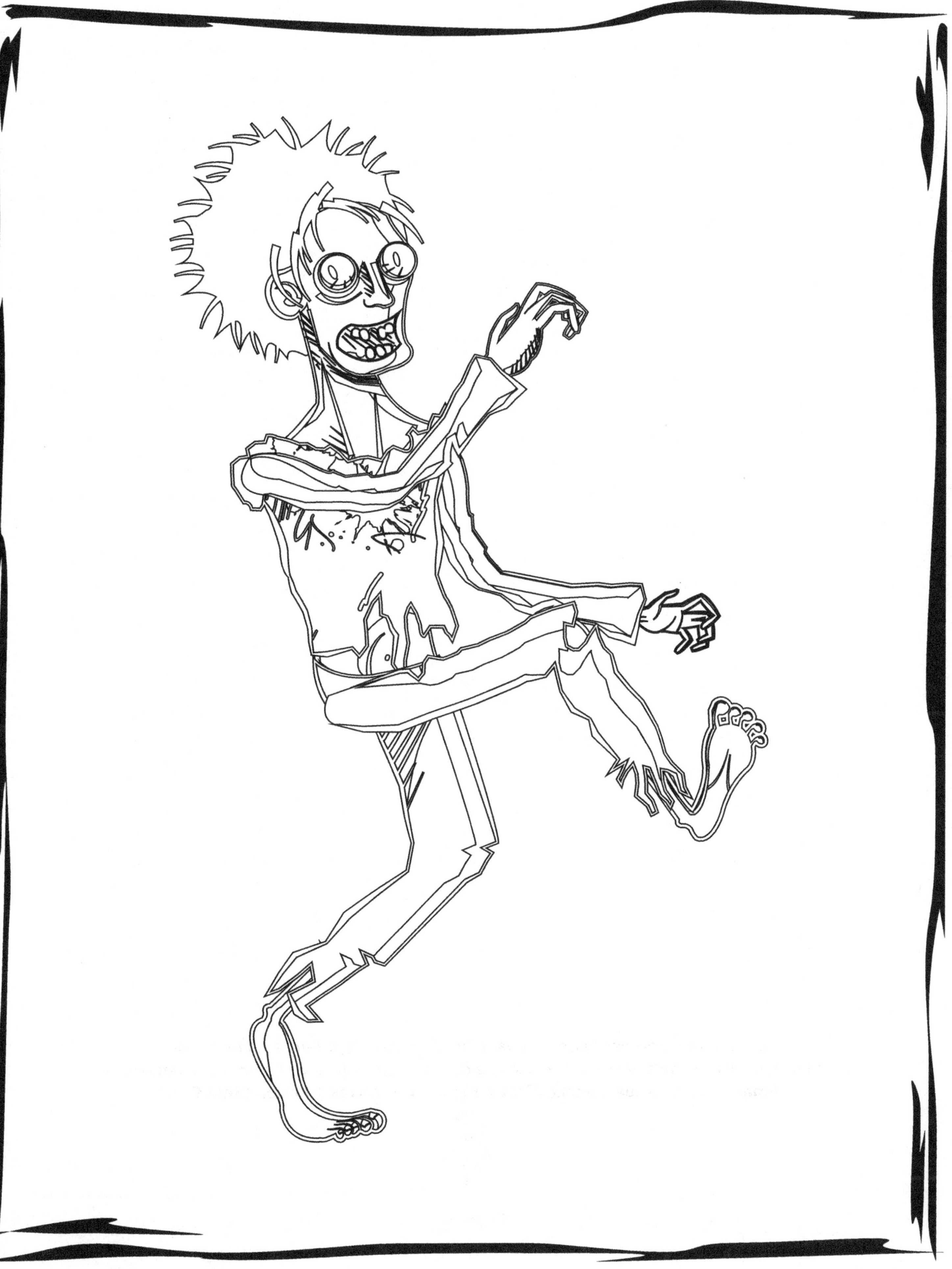

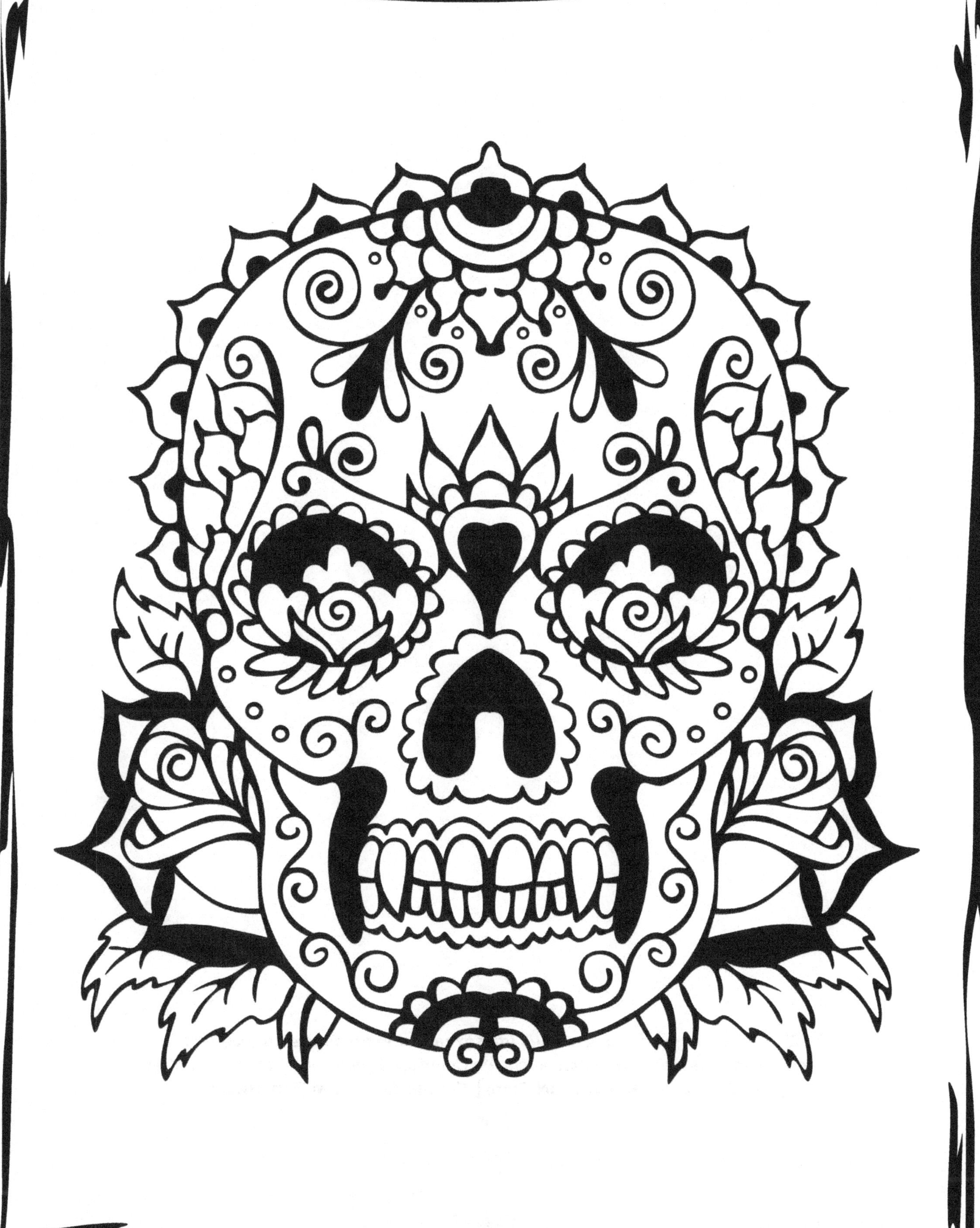

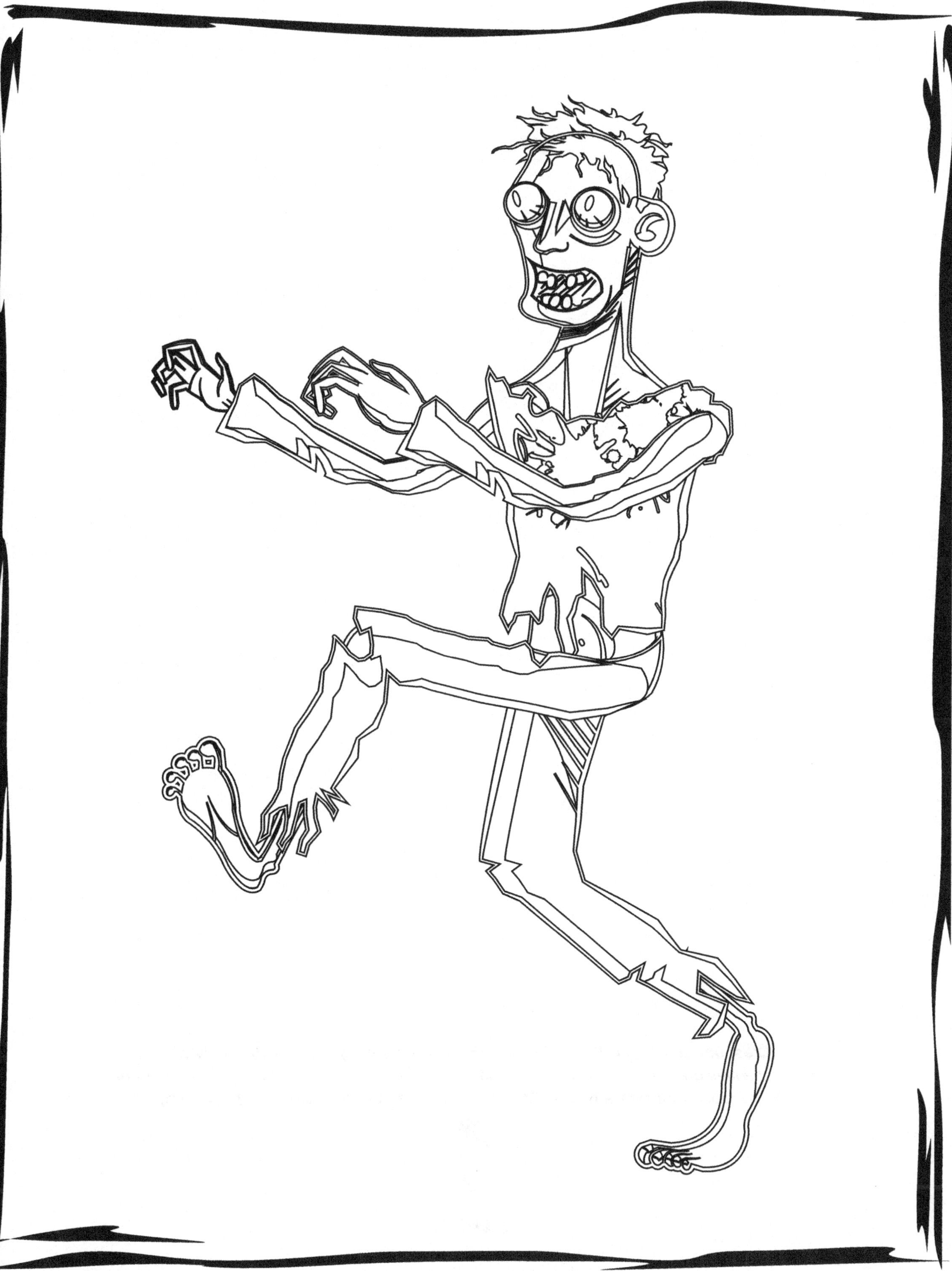

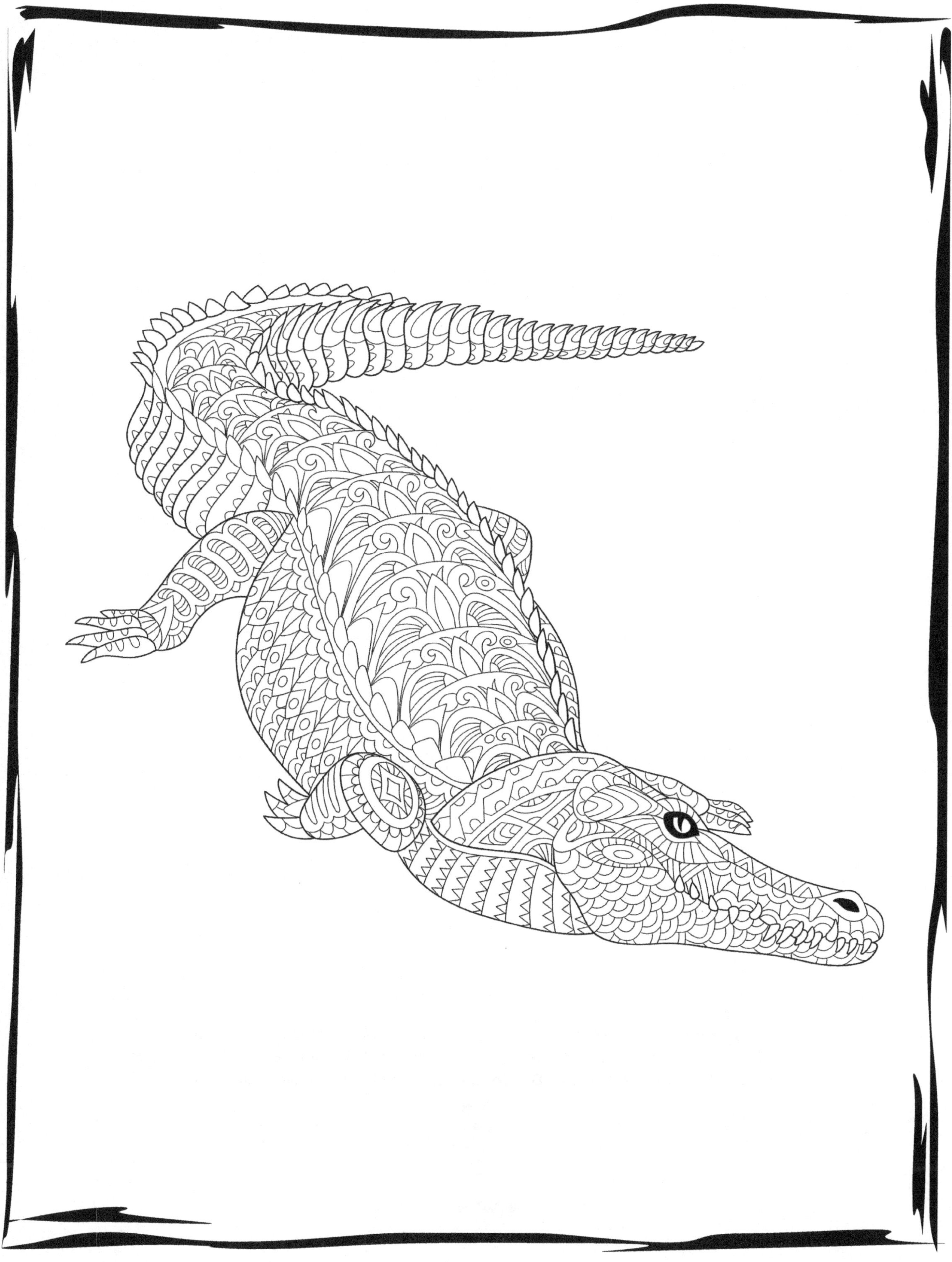

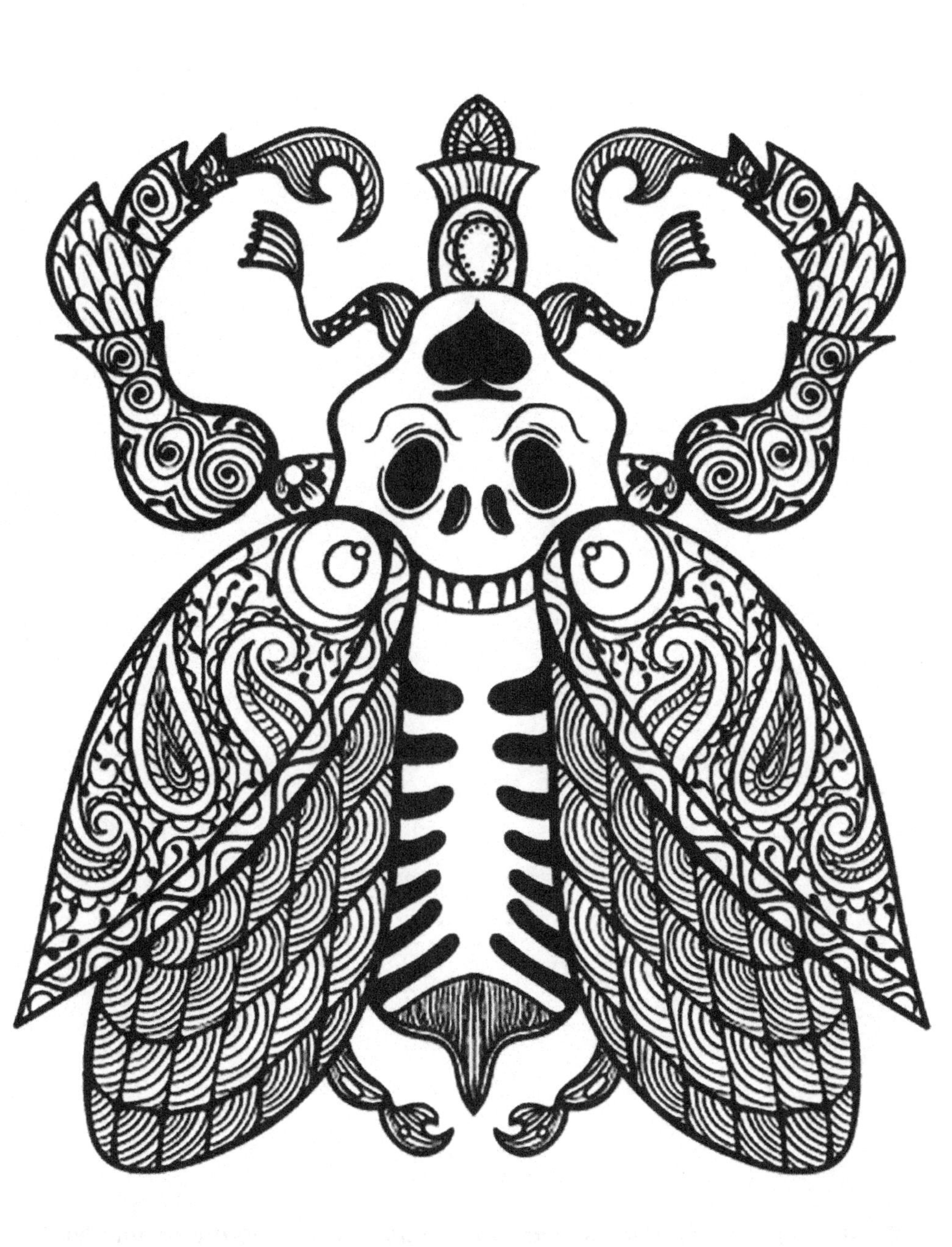

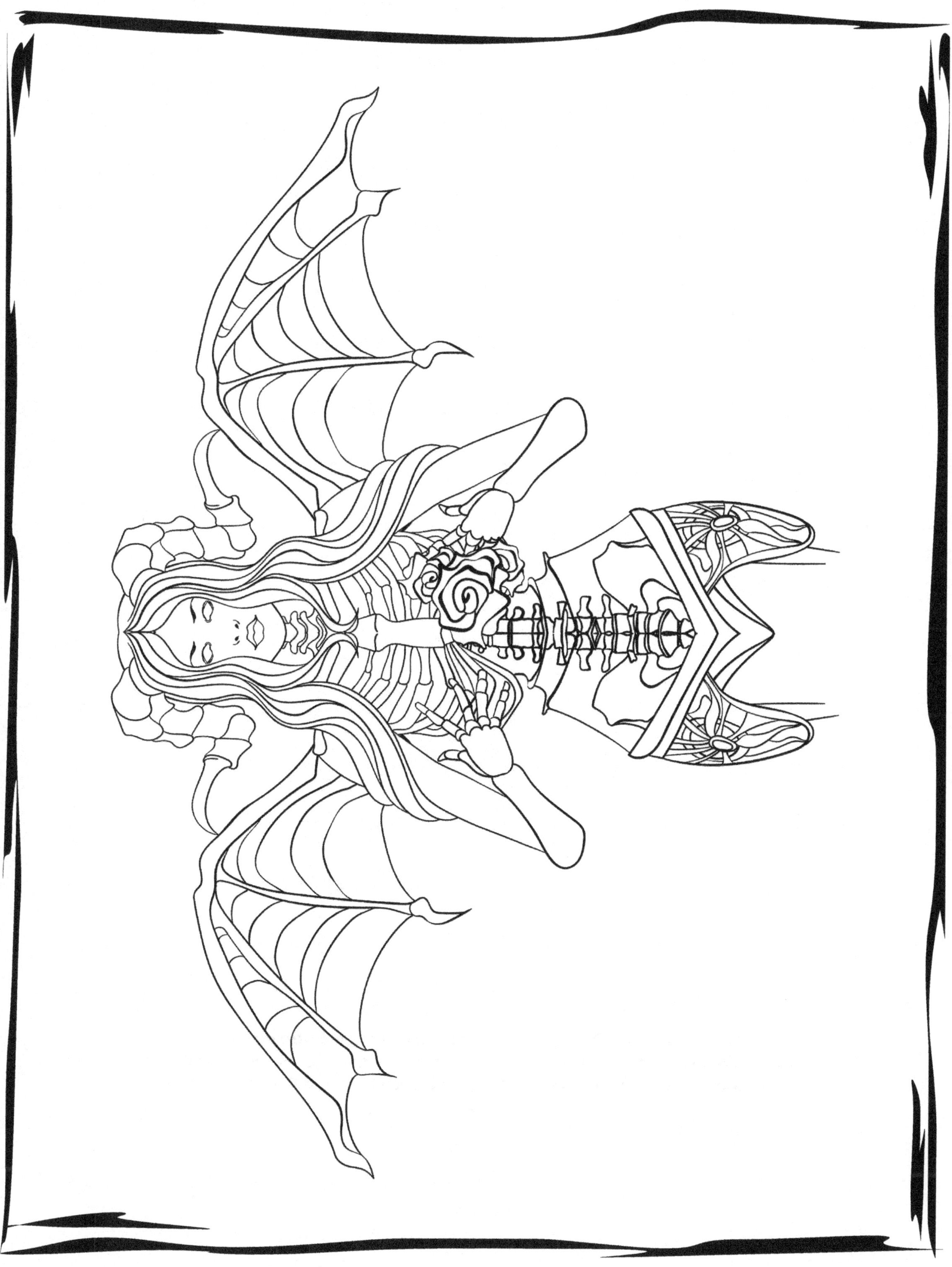

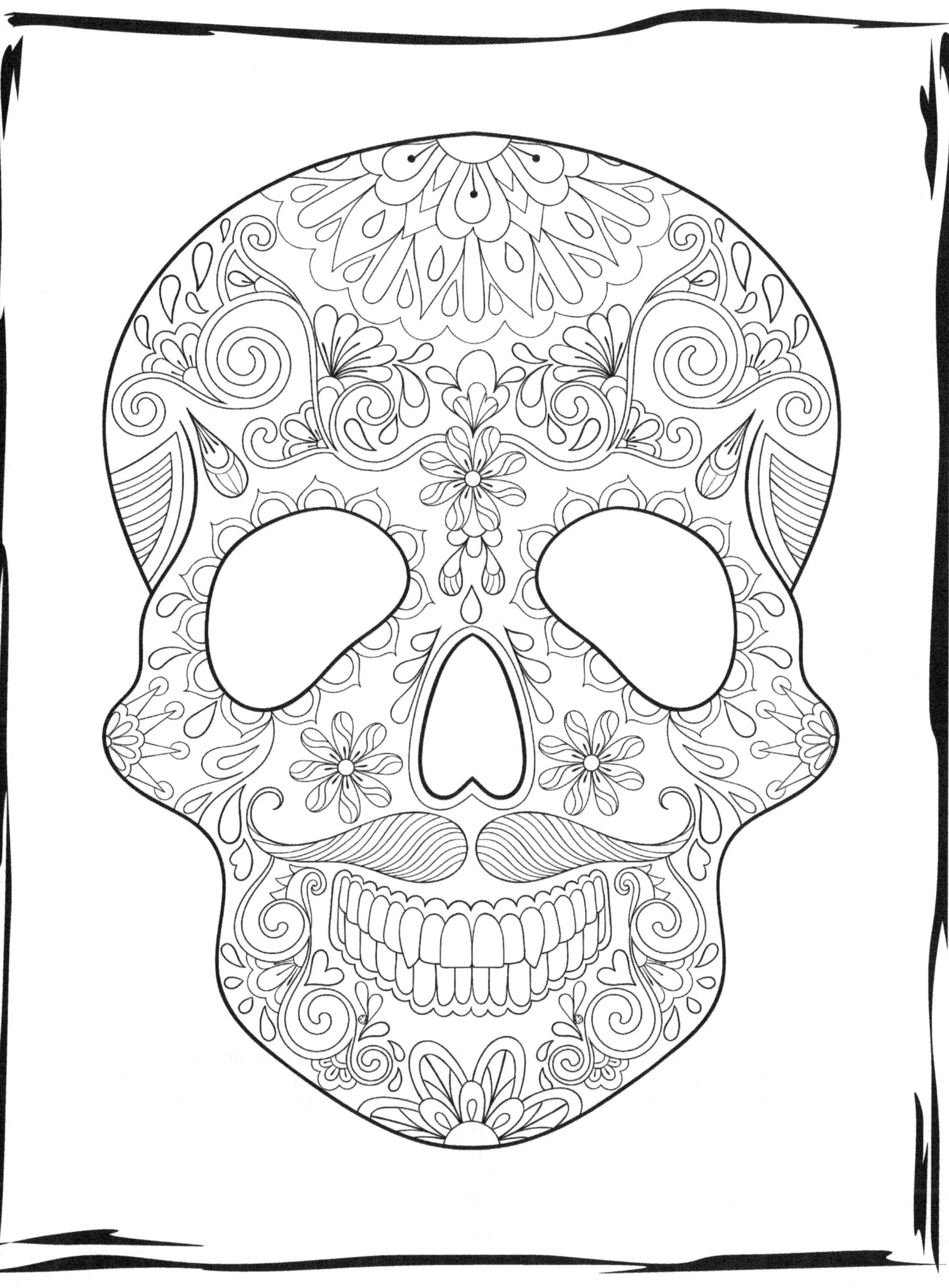

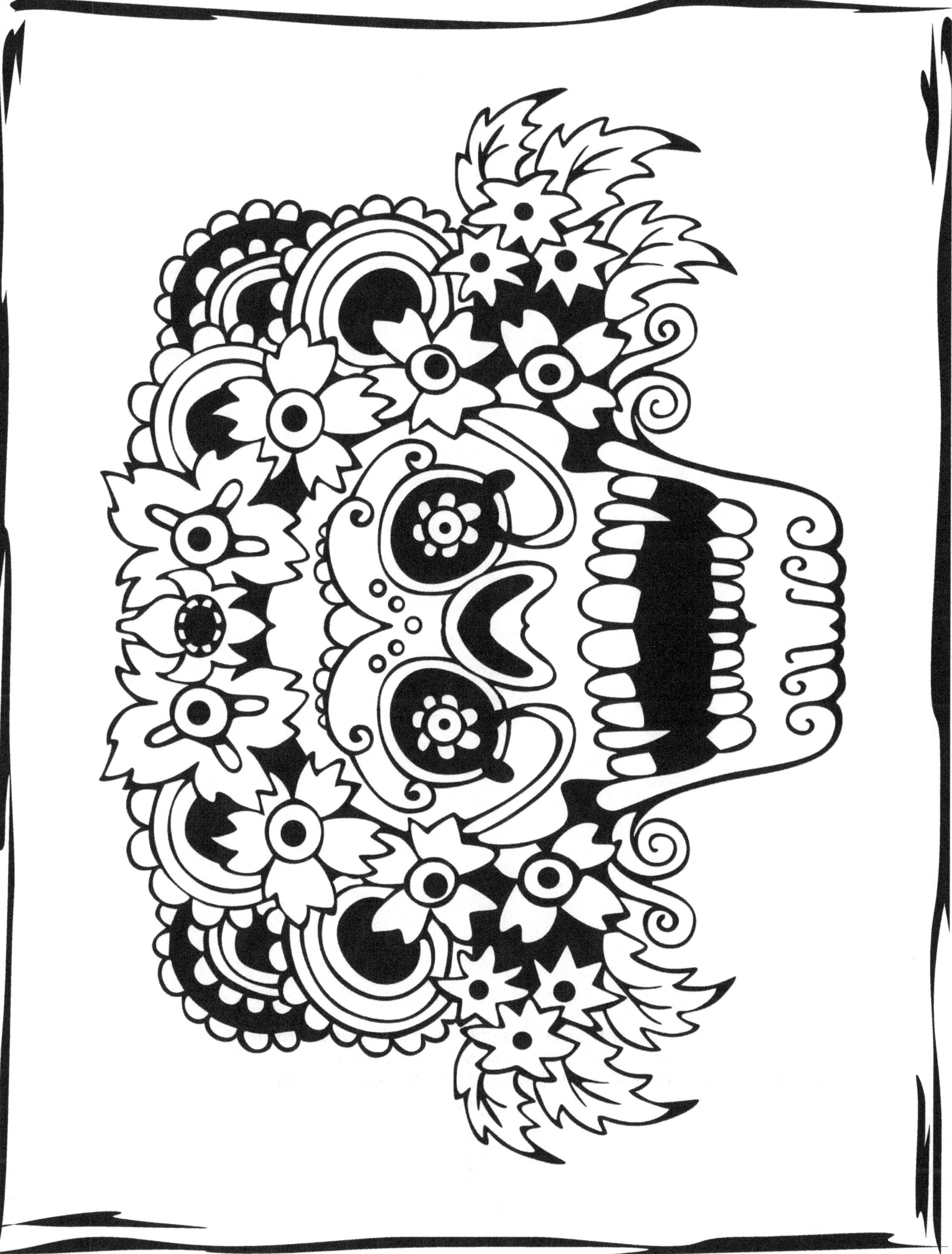

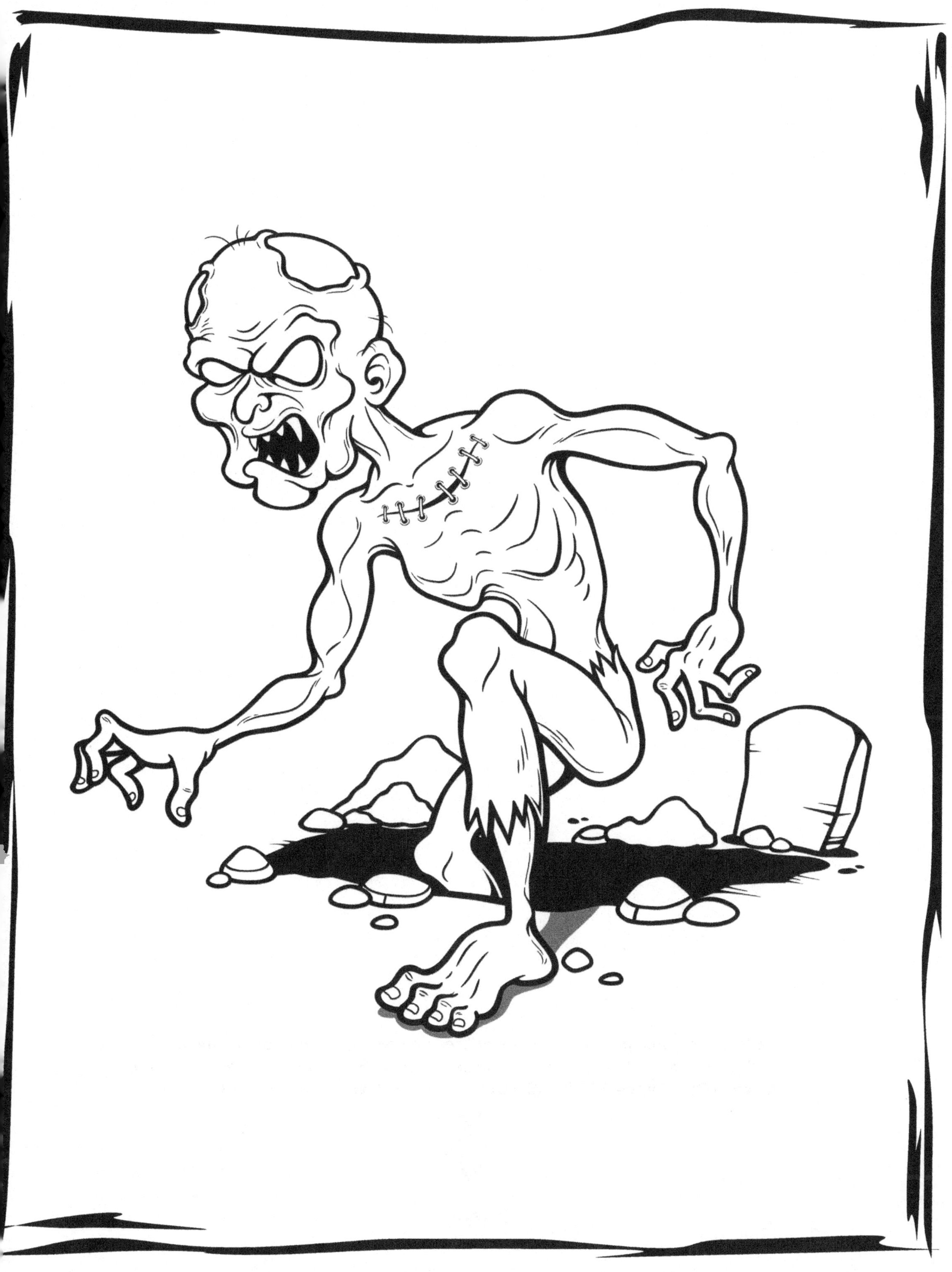

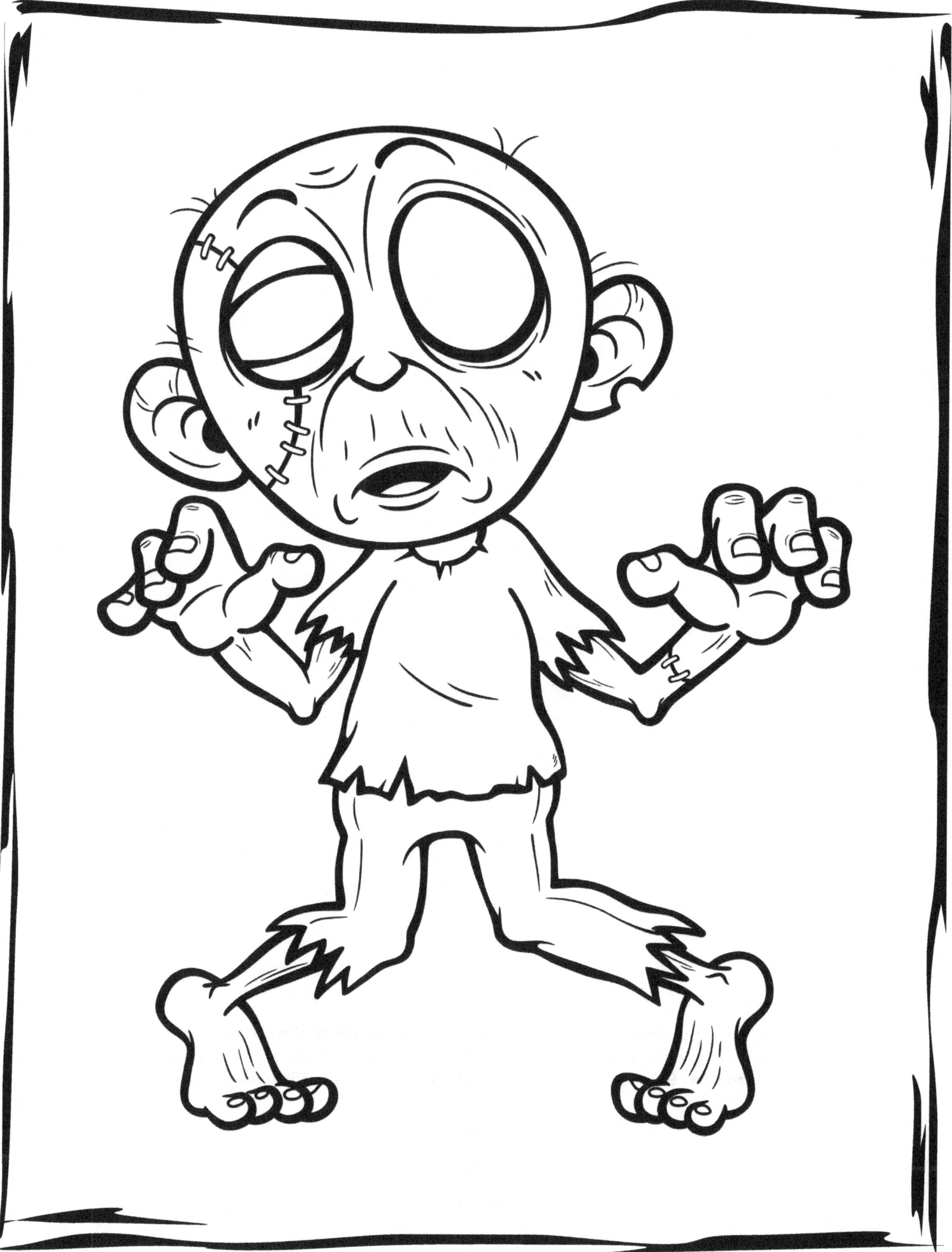

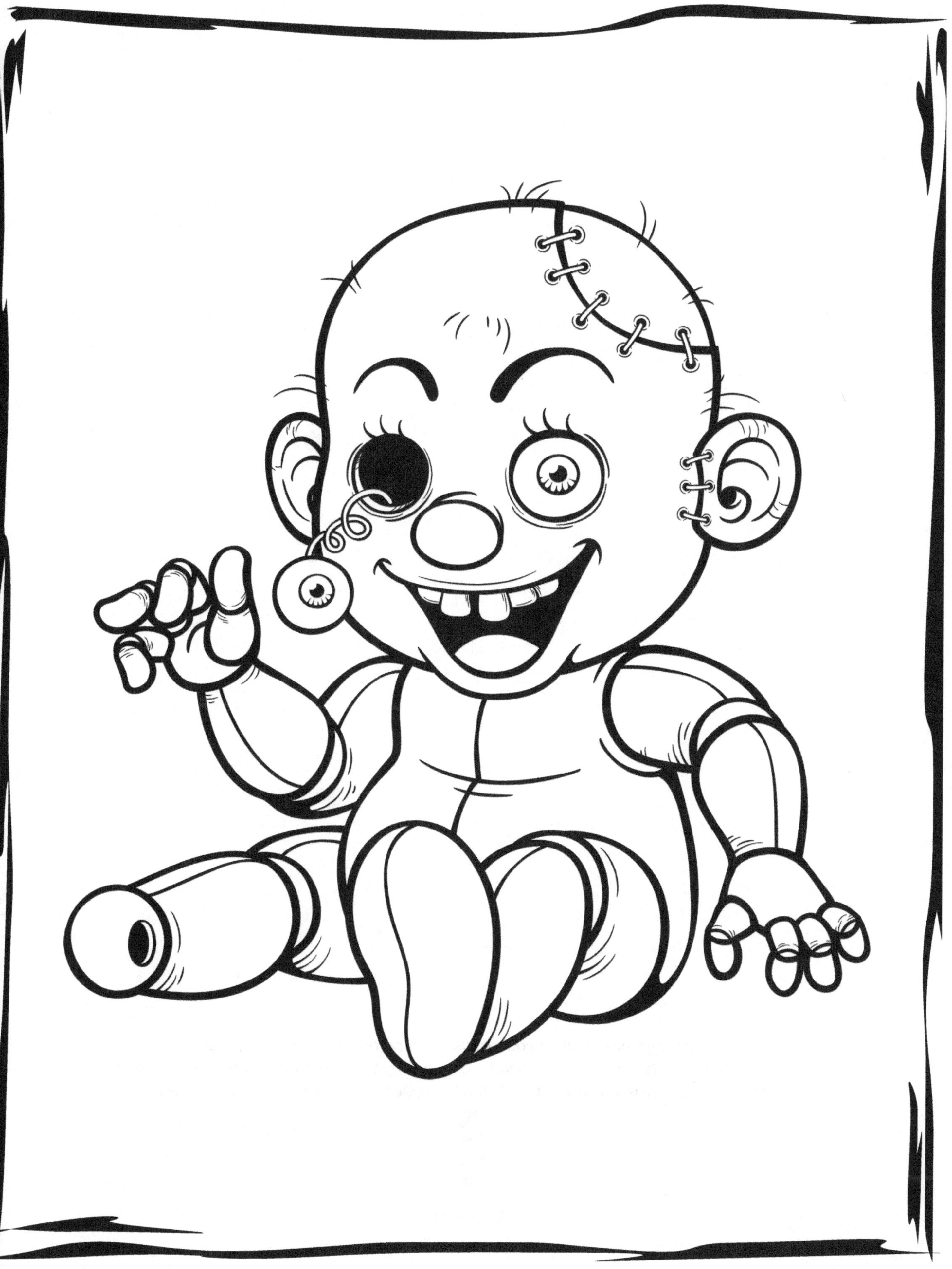

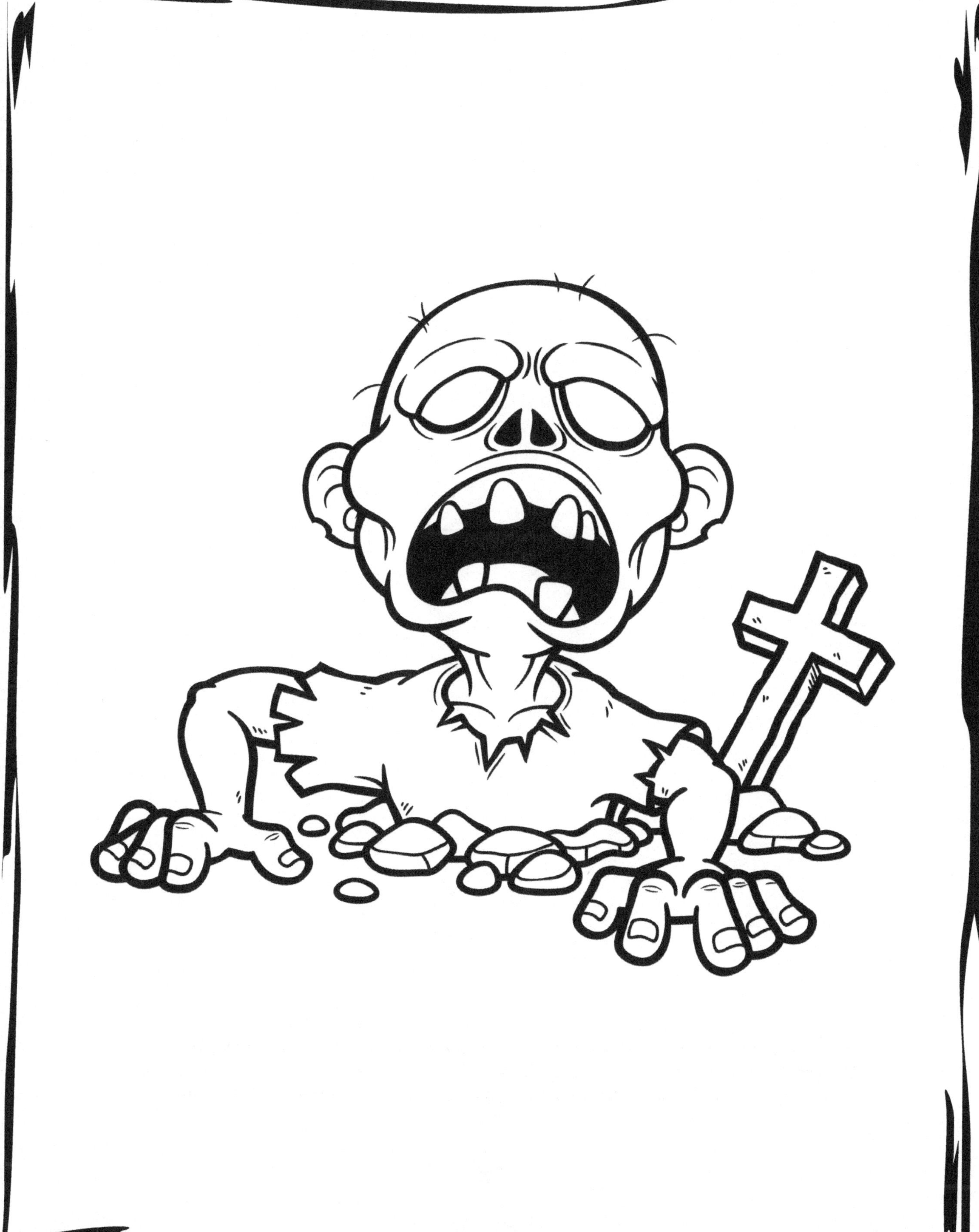

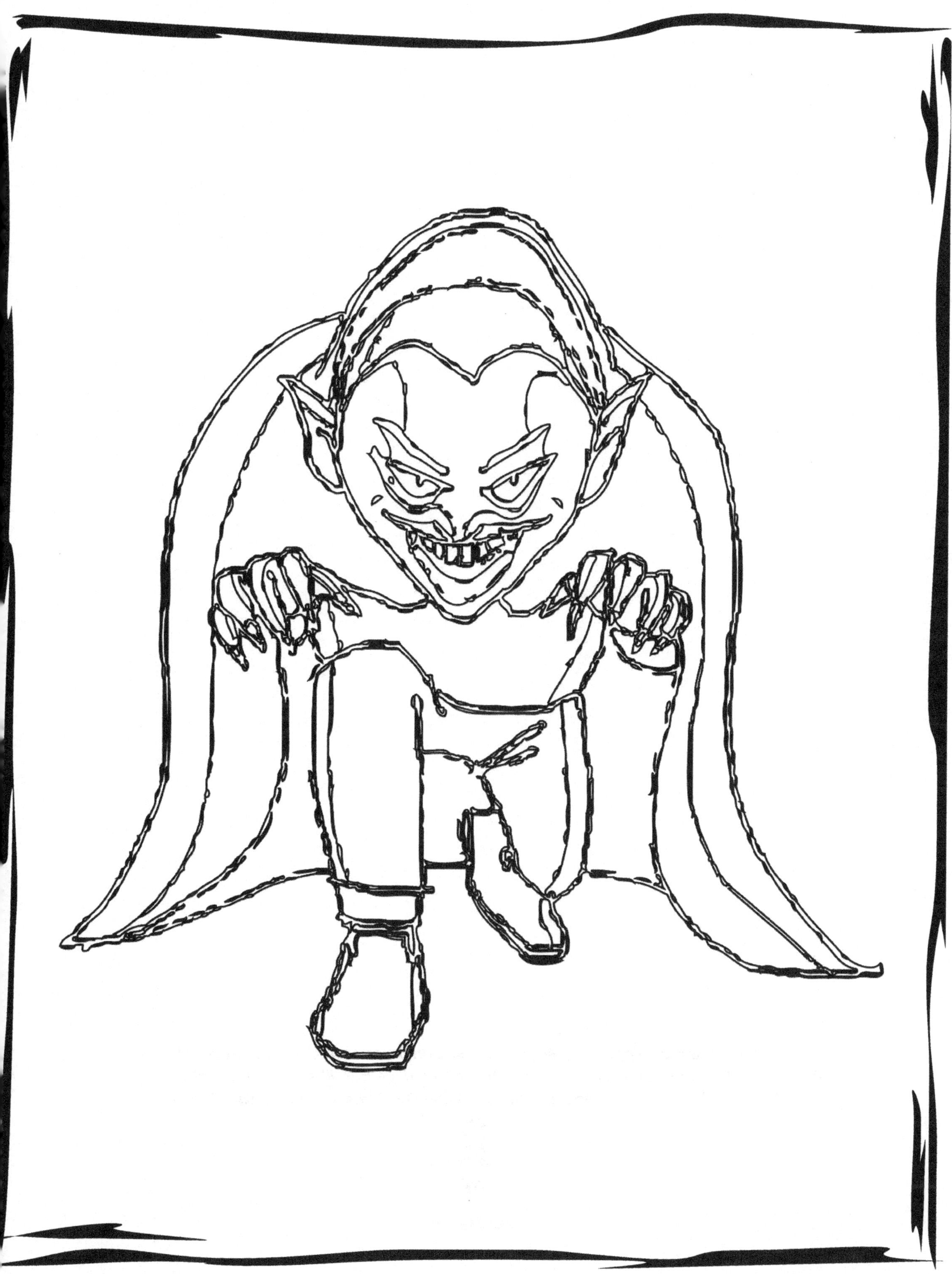

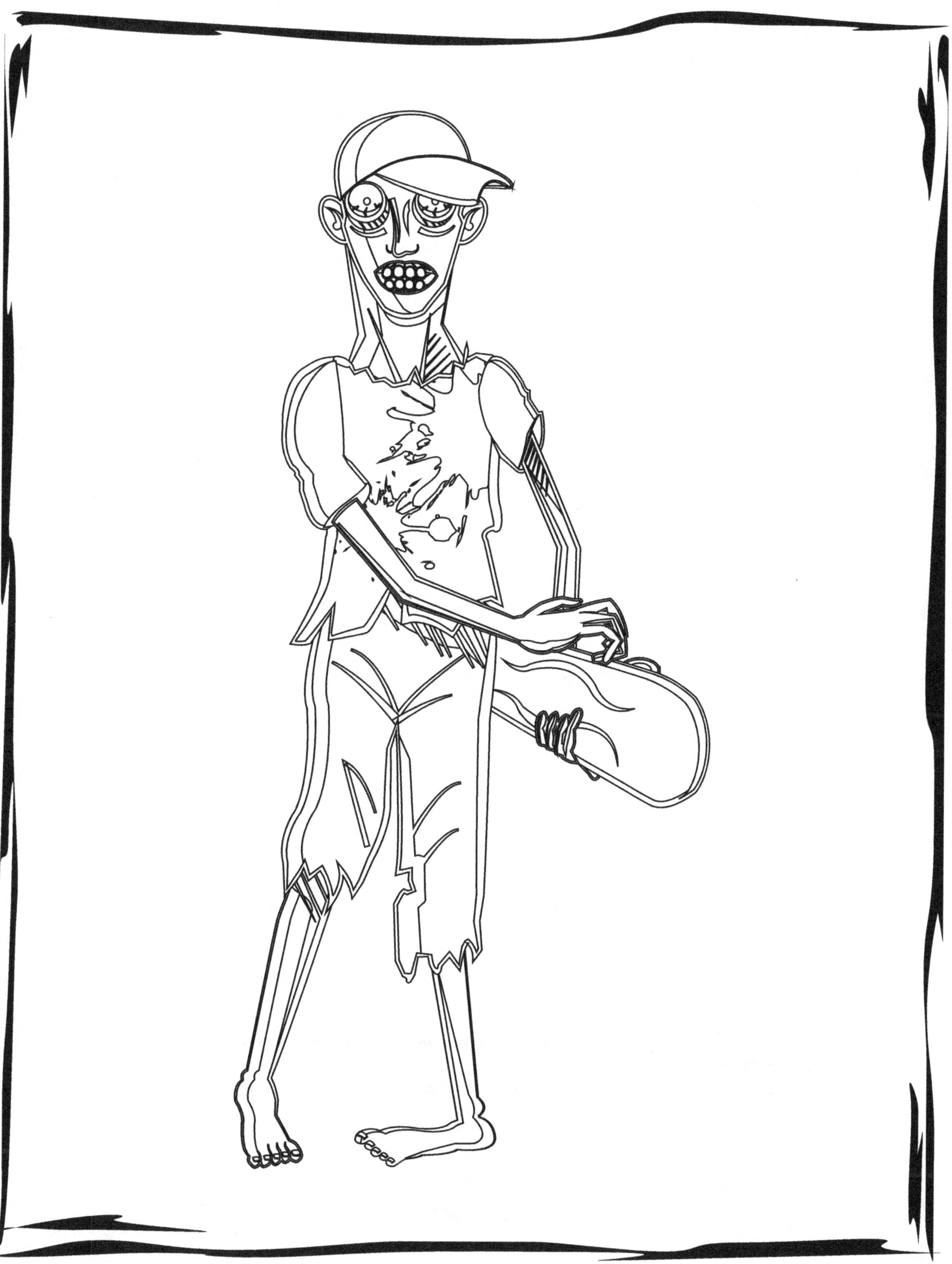

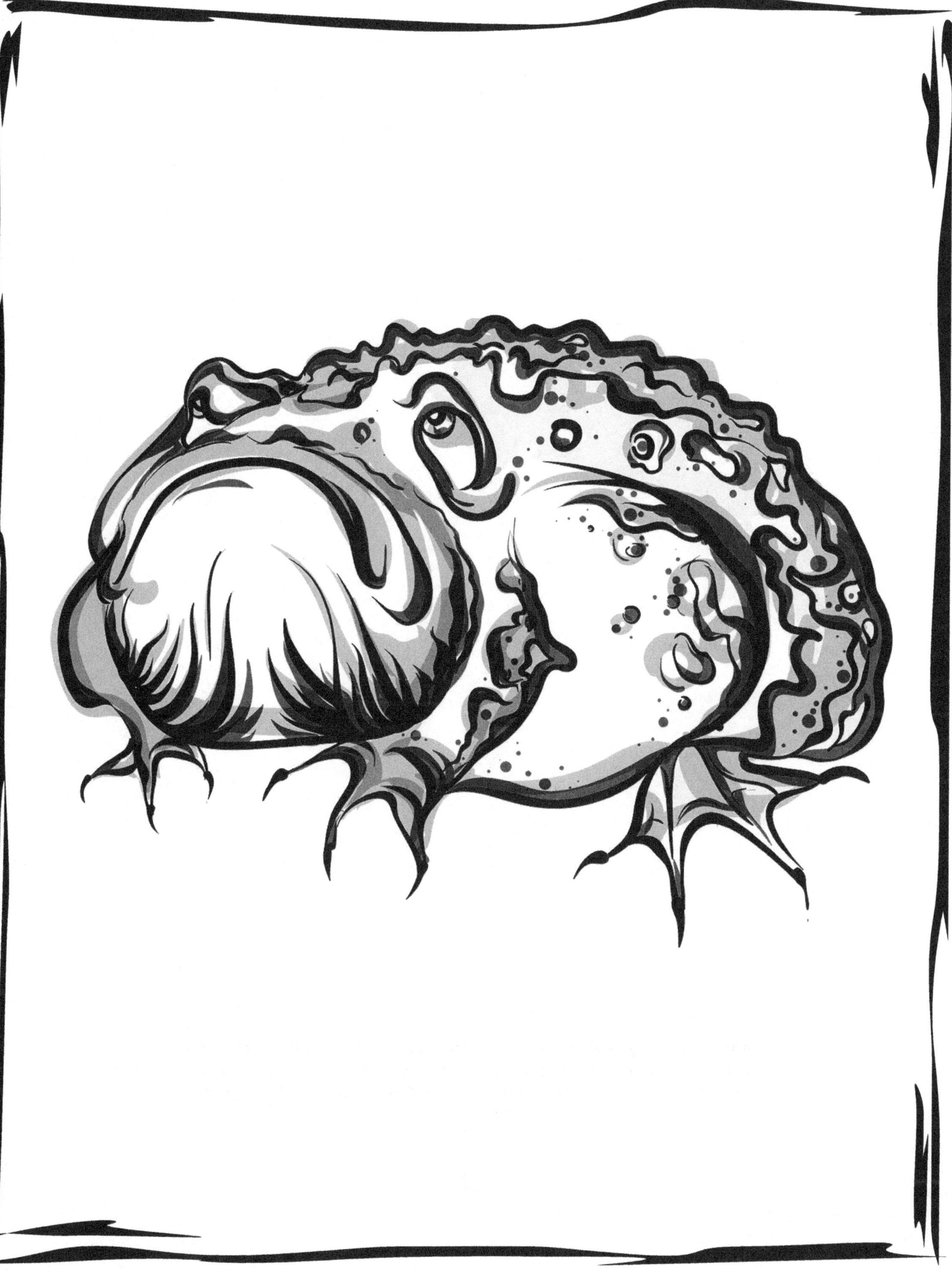

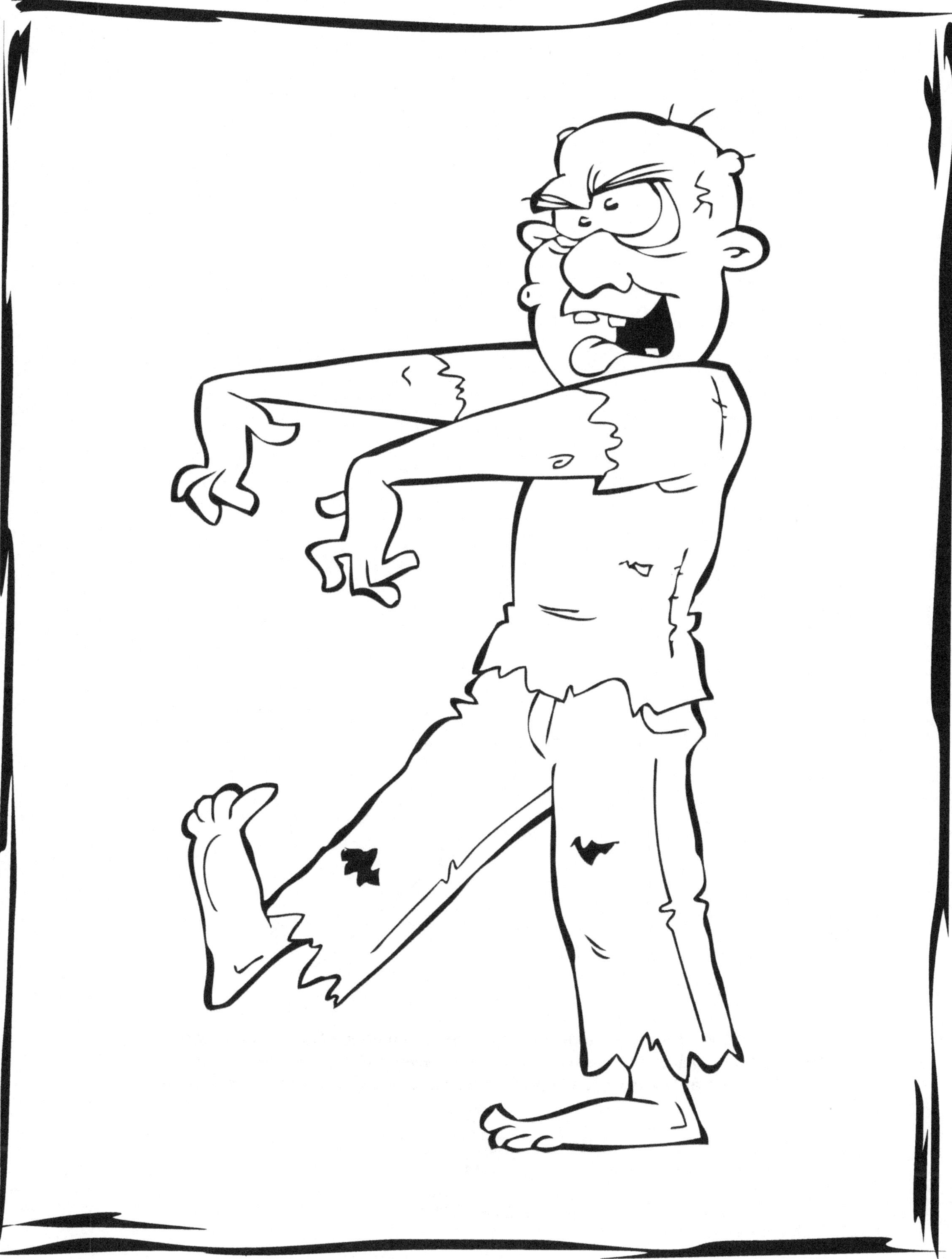

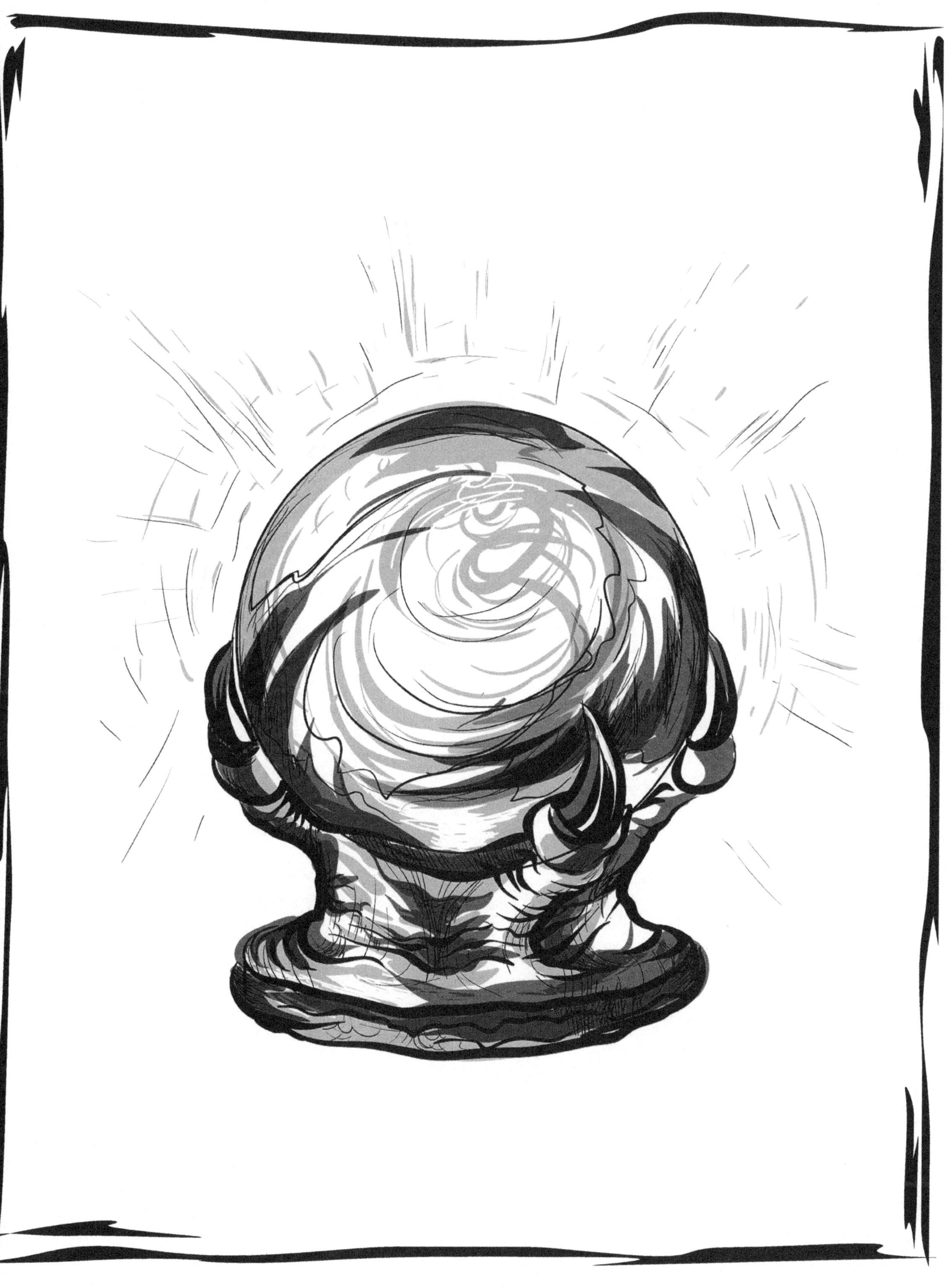

Made in the USA
Monee, IL
07 July 2026

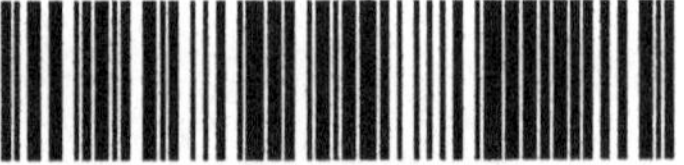